辞めない
社員をつくる!
教え育む
定着支援

福浦 操 著

セルバ出版

はじめに

「大卒新規就職者の3年以内離職率が3割」と言われて、もう20年が経過しています。様々な形で、若者のキャリア形成を図ろうとしておりますが、この数字は一向に変化していきません。

自分自身が初職に就いたときのことを考えれば、離職する若者は一定数いることはわかります。そして、「離職しない」という選択がベストであるとも考えてはおりません。

ですが、離職せずに済んだ人を救う手立てはなかったのか、離職したいと考える社員が常にいるような企業は是正されるべきではないのかなど、若手社員がイキイキと働けるような取組みを何かの形で実施していきたいと考えました。

そして、出版の機会をいただくことになり、今までお伝えしたいと考えていたことを形にさせていただきました。

社員教育や人材開発を担う方々というのは、いかに社員の能力を底上げしていくのか、そして、それをどのように会社に還元させ、企業の利益向上に寄与してもらうか、ということを考えられているのだと思います。

私自身としては、その重要な職務を担いながら、あともう少しだけ、働く人たち個人に目を向け、耳を傾け、理解をしてもらえたら、という思いで書かせていただいております。

本書を手に取っていただいた企業が、社員がイキイキと働く企業へと変化することを願っております。

2020年9月

福浦　操

辞めない社員をつくる！　教え育む定着支援　目次

第2章　仕事に取り組むマインドの育て方

第3章　壁にぶつかった際に乗り越えるマインドの育て方

第4章　職場リーダーとして部下や後輩を育てるマインドの育て方

第5章 上司や部下、その他職場メンバーとの人間関係を円滑にこなすマインドの育て方

第6章　社員教育以外のサポート

第7章　企業事例

第1章

なぜ社員は会社を辞めていくのか

1 「辞めるしかない」と考えてしまう状況

どんな理由で辞めるのか

社員が会社を辞める理由というのは、いろいろなものが考えられます。それこそ、100人いれば100通りの理由があるでしょう。

私自身、実は、転職の回数は多くあります。正社員で働いていた経験はさほどありませんが、パートタイマーからパートタイマーへ、という転職もあります。

理由としては、自己都合（履歴書でいうところの、一身上の都合ですね）として、「違う仕事がしたい」というものがあります。そう思ったのはなぜか、ということを考えるのが今回の本の主旨になりますね。

なぜ、人は、「違う仕事がしたい」と思うのでしょうか。私の場合では、前職の休日が平日1日だったから、というものが挙げられます。当時は、まだ週休1日という時代でした。その貴重なお休み、友達と会えずにいるということが、自分の中では「嫌だな」と感じるポイントであったように思います。また、その仕事に少し飽きた、という理由もあります。当時の同僚・上司には言えなかった、申し訳ない理由ですね。

また、同じような自己都合であっても、「元の仕事に戻りたい」という理由もありました。好きで続けていた仕事ではあったものの、事情があり辞めることになった。その後、改めてその事情が解決したことで、元の仕事に戻りたいと思ったわけです。

その他には、会社都合で退職したこともありました。某企業が新規事業を開始したタイミングで正社員となり、その新規事業が赤字のために撤退すると決まり、私は退職を選びました。

もちろん、その企業の別部署への異動も話としてはありました。ですが、専門職として雇われていたため、その仕事ができない部署なのであれば辞めたほうがいい、と上司のアドバイスがあったためです。

また、売上減少を理由とし、早期退職希望者を会社側が募ったことで、手を挙げたという経験もありました。この会社でのお仕事は好きでしたし、環境も自分にとってはよいものでした。ですが、その売上減少に伴い、私の担当する業務が遂行できそうにないという理由があり、やはり続ける意味を持てなかったということです。

女性ならではの理由

子どもを妊娠・出産するタイミングでも退職をしています。今では、産休・育休というのは当たり前のように取得できるようになりました。もちろん、アルバイトやパートタイマーといった非正規雇用者であっても、条件さえ満たせば取得できます。

私自身、２回ほど経験していますが、どちらのときも非正規雇用でした。会社に確認すれば制度を利用できたのかもしれません。ですが、当時の私はそんなことはまったく考えもせず、「辞めるものなのだろう」と思っていた気がします。

このときについては、仕事はさほど好きとは思えませんでしたが、能力をいかんなく発揮し、貢献できているという自負はありました。

こう振り返って考えると、私自身が会社を辞める理由に共通点が見られます。「やりたい仕事・能力を発揮できる仕事」を選びたい、ということです。

初めての転職こそ、条件を考えてはいますが、その後は、自分の「仕事」というものを、自分の内面が満たされることに重きを置いて選んできたということがわかります。事情はその都度違うにもかかわらず、根底にあるものは同じという、何とも面白い現象です。

辞めたくないけど辞めるしかない

考えてみれば、本人としては辞めたいわけではないのに辞めるしかないのかなと考えるケースというのは、勿体ないものです。辞める以外に方法はなかったのでしょうか。こういった部分をしっかりケアすることができれば、辞める人も減るのかなと思います。

辞めるしかない事情については、自分自身の場合もあれば、家族等の環境からくるものも多くあります。この事情を、会社としてはどこまでケアできるのかということをしっかり考えていくことが、離職を減らす大きなポイントとなると思います。

また、辞めたくないと感じる部分は、人それぞれだと思います。仕事が好き、環境がよい、人間関係が良好、お給料が高い、なんていうことは簡単に思いつくことです。これはプラスの側面です。

ですが、辞めたくないと感じる部分については、マイナスの側面もあるでしょう。また、就職活動をするのが嫌だとか、転職できるとは思えないとか、そういったこともあるのではないでしょうか。

こう考えてみると、「辞めたくないけど辞めるしかない」人もいれば、「辞めたいけど辞められない」人もいるな、ということに気がつきました。

このように、「辞めたいけど辞められない」と日頃から思っている社員は、「退職予備軍」と言えるでしょう。この「辞めたいけど」をなくすことも会社が取り組めることではないかと思います。

「何となく…」という人もいる

なかなか理解しづらいかもしれませんが、「何となく…」辞めてしまう方も多いと聞きます。特に嫌なことがあるわけでもなく、どうしてもやりたいことが見つかったわけでもない。大きな不平不満はないかわりに、大きな満足もないというタイプの方です。

こういう方は、きっと一定数いるものだと思います。もちろん、会社としての離職をゼロに！という大きな目標を掲げるのであれば、こういった方を救い上げていくのも大切だと思います。

ですが、辞める理由が本人にもわからない、なぜ続けられないのか原因が不明である、という場合には、なかなか難しいのだと思います。

ただ考えてみると、働く人すべてが、日々を充実した形でお仕事ができていますか？　ということも言えます。「何となく」という方も多いのではないでしょうか。また、「辞めたいけど辞められない」と感じている人もいるかも知れません。

そういった人も含め、「辞めるしかない状況」は、多種多様です。それをどのように捉え、どうサポートしていくのか、会社としてできることはないのか、という視点で考えていきましょう。

2　やりたくない仕事だから辞める

やりたい仕事に就けない状況

新入社員として入社し、初めての配属先。自分の希望どおりになる確率はどの程度なのでしょうか。必ず初めから「やりたい仕事」でスタートできるというのは、嬉しいことだと思います。もちろん、技術職や専門職の方というのは、その仕事をするために採用されているケースがほとんどです。その場合は、まず「やりたい仕事」でスタートできるよう、取り計らっていますよね。

そうなると、まずは最初の配属先というのは、本人にとって非常に重要な意味を持ちます。部署だけのことではなく、勤務地というのも、希望が叶うかどうか重要な要素ですが、まずは部署について考えてみましょう。

一般的な大学生が、いわゆる総合職として就職活動をした場合、必ず配属先は本人の希望どおりになりますか？　大学で専門的なことを学び、その仕事をしたいと思っての就職活動であっても、希望どおりにならないことも多いのではないでしょうか。

面接試験の時点で、「希望の部署に配属されなかったときにはどうしますか？」と聞かれるケースもあるようです。そんなときは、「頑張ります」というニュアンスの答えをしているのだと思います。だって、内定が欲しいですからね。

で、いざ希望の部署に配属されなかったら…。研修明けからテンション下がりますよね〜。会社としては、できる限り本人の希望を聞きますが、希望どおりにならないこともある、というのが現実ではないかと思います。

では、なぜ、希望どおりにならないのでしょうか。

企業の思惑で配置が決まる

企業には、「適正配置」という考え方があります。新入社員が入る前の状況を確認し、全体の仕事力を総合的に換算し、配置していきます。

この総合的に換算したものをどのように捉えて配置するのかは、企業によって考え方が違うかもしれません。仕事力が足りないところに配置する場合もあれば、新入社員を受け入れる余力のあるところに配置するという場合もあるでしょう。部署や勤務地（支店など）によっては、いったんは新入社員を受け入れる働きを持つところもあります。

さらに、研修中の様子や成果から、いわゆる「向いている・できそうだ」という部署に配置するという考え方です。本人の「やりたい」気持ちよりも、会社から見た「それはできそうにない。あっちならできるのではないか」という視点が優先されるということです。

やりたい仕事に就けなかったケース

私は、日常、学生の就職活動を支援していますが、自分の希望の部署に就けなかった卒業生がいました。4か月間の研修が終わり、いざ配属が決まってみると、本当に想定外の仕事でした。

本人は、技術職に就きたくて選択した会社です。技術職であれば、「サービス本部」と呼ばれるところに配属になります。実際の配属部署は「サービス本部」でしたが、技術職ではなく、現場で働くエンジニアをサポートする部隊への配属でした。

非常にショックを受け、すぐに「辞めたい」と私に連絡をしてきました。ゆっくりと話を聴くことで落ち着きを取り戻し、まずは頑張ってみます、という状況になりました。

その後、何度も辞めたい気持ちになり、体調を崩しやすくなったようでした。心配した上司が間に入り、何度か話合いがもたれたとのことでしたが、担当業務が変わることはありませんでした。本人は、ずいぶんと悩みましたが、それでも「自分のできることがここにあるからなのだろう」と納得し、続けてきました。

その後、何度か上司にかけあった結果、もともとの希望部署ではないものの、技術職として働ける別の部署に異動し、今では元気に働いています。

企業は「１人」より「全体」なのか

企業の考える「適正配置」というのは、人数や総合的な仕事力で考える部分と、１人ひとりが持つスキルや能力のバランスで考える部分があります。たった1人の「やりたい仕事」よりも、企業としての全体感やバランス、そして利益追求のための効率的な配置、という視点が欠かせません。

せっかくその会社で働きたくて頑張った就職活動。やりたい仕事で自分の能力を発揮することを目標として入社。それなのに、あまりそれは重視されないとなると、切ない気持ちになるのでしょう。

ですが、会社としては、今後も成長し続けていくための策として、１人ひとりの配置が「期待」を含んでいるとなると、やりたい仕事じゃないからと単純に考えてしまうのは勿体ないことでもあるのかなと感じます。

「やりたい」ことと「やれる」こと

やりたい仕事という考え方と、やれる仕事という考え方があります。誰しも、やりたいことだけやっていたいですよね。ですが、働くということは、やりたいことだけではありません。やりたくないこともやる必要があります。また、やれることだけをやっていればいいわけでもなく、やれないことであっても、やれるようになる必要もあります。

では、なぜ「やりたくない」と感じてしまうのでしょうか。「やりたくない」と感じる理由を考えてみましょう。

・難しい、できないから、やりたくない
・楽しくないから、やりたくない
・やり方がわからないから、やりたくない
・責任が重いから、やりたくない
・時間がかかりそうだから、やりたくない
・あの人と一緒だから、やりたくない
・単純作業だから、やりたくない

どうでしょうか。やりたくない、そして、できない、ということもあるでしょう。

このやりたくない理由というのは、いつ、どんなときに、どんな場面で起きてくるのか。そこを具体的にし、解決できる手立てが会社にないのか、考えていきましょう。

3　できない、やりたくないという気持ち『異動』

やれるようになってきた自分

社会人ともなると、異動はつきものだと言えるでしょう。配属され、まずは環境や人間関係に慣れること、そして仕事を1つひとつ覚えていくこと、それだけで初めは精一杯でしょう。やがて、少しずつでもできることが増え、認めてもらえることも出てきて、社会人としての自分をしっかりと自覚できるようになっていきます。

数年が経てば、もちろん企業や職種にもよるのでしょうが、ある程度は一人前となります。１人で任せてもらえる仕事も増え、また、新入社員の教育係などを務める人も出てくるかも知れません。与えられた仕事の中で、目標を持ち、それを達成していくことに喜びを見出せるようになる人もいるでしょう。また、さらに上を目指し、スキルアップを図る人も出てくるかもしれません。

そんな中、会社としては、異動の辞令を出します。さぁ、社員は何を感じるのでしょうか。

もちろん、最初の配属で「嫌だ、できない、やりたくない」と感じていた人にとっては、大逆転かも知れません。ですが、そうであっても、今まで覚えてきたことや、せっかくできるようになったこと、慣れた人間関係は、いったんクリアとなります。異動の辞令が出た瞬間、どのような気持ちが起きてくると考えられるでしょうか。

マイナスな感情とどう向き合うのか

新しい部署では、また一から仕事を覚え、人間関係に慣れ、やっていかなければいけません。今までとはまったく違う仕事。やることも違えば、やり方も違う。指示系統も流れも考え方も違う。違う違う尽くしで、一からやり直しという心境でしょうか。

今までの部署でプラスの感情を持てている人ほど、異動はショックが大きいのかなと思います。やりがいを持てるようになった、達成感を得ていた、日々が充実していた、まだ目標に到達していないのに人間関係がよかった、そんな人にとっては異動は本当に辛いものでしょう。

・やったことがない
・今までとは違う
・覚えられない
・向いていない
・どんな人がいるかわからない

そんな気持ちがあって、「前の部署に戻りたい」なんて思う社員も多いかもしれませんね。そして、「戻れないなら辞めるしかない。前の部署でやっていた仕事で転職しよう」と考えてしまう社員も、いるかも知れません。

ですが、本当に「向いていない」のでしょうか。「覚えられない」のでしょうか。できないと決めつけてしまうのは、早いと思いますよね。ただ、後ろ向きになってしまった社員の気持ちを前向きにしていくのは、簡単ではないでしょう。

一からやり直し？

でも、どうでしょうか。「やったことがない」けれど、「今までとは違う」けれど、「向いている」

かも知れませんし、「覚えられる」ものですよね。

この社員は、初めての部署に配属されたとき、どのように仕事に慣れ、覚えたのでしょうか。同じことの繰返しかもしれませんが、やれた実績があるわけです。またできるのではないでしょうか。

そして、一からやり直しではありません。少なくても、今まで働いていたわけですから、職務遂行能力は育ってきています。それをまた活用することは可能です。職務遂行能力というのは、担当業務が違っていても活用できるスキルなのです。

ジョブローテーション

もともと、様々な部署を経験させる「ジョブローテーション」を採用している会社はあります。そうすると、いつかは異動があるということは、既定路線だったわけです。それでも構わないと思ったから、その会社に就職したわけです。

実際に、制度として考えてはいなくても、そのほうが社員が育つだろうという期待があって、異動をさせたケースも多々あります。とはいえ、急に今までとは違う仕事になってしまうわけですから、それなりに心の準備も必要でしょう。

辞令を出す側がすべきこと

辞令が出たことでマイナスの感情に支配され辞めてしまわれては、元も子もありません。会社としては、異動の辞令を出せばいい、異動先の人はケアしてやってくれ、ではいけません。

では、どんなことができそうでしょうか。一般的に感じるマイナスな思いである、

・やったことがない
・今までとは違う
・覚えられない
・向いていない

について、きちんと会社が向き合っていく必要があります。やったことがなく、今までとは違うけれども、「あなたならできる」ことや、「ぜひやってもらいたい」ことを、しっかり伝えていきましょう。

異動になって仕事そのものが変わることもさることながら、実は、人間関係が変わることを負担に感じる人は多いようです。スキルや技能の部分で「できる、やってもらいたい」という期待があったとしても、目に見えない人間関係における相性のようなものも、しっかりと観察した上で、大切にしてあげたい部分だと思います。

4 できない、やりたくないという気持ち『転勤』

大きな環境変化に伴うストレス

転勤は、異動とともに社員にとっては大きな負担となるもので、立場や状況によっては、それこ

そ「辞めるしかない」事情に値するものだと言えます。仕事（部署）が変わらないとしてもです。

●転居を伴わない転勤

この場合、自分の住んでいる環境は変わらないので、ストレスは少ないほうではないかと思います。ですが、職場の環境はガラッと変化します。通勤も変わりますよね。今までよりも遠くなる、通勤電車が混みやすいのだとすれば、それはストレスではないでしょうか。

転勤に伴う環境変化というのは、自分のごく身近な周辺環境だけでなく、その周囲、さらにその周囲へと大きく広がった変化があります。

異動であれば、部署の環境が変わるだけですが、社内丸ごと人が変わるのが転勤です。社員によっては、新しい環境が苦手であるという場合もあります。

仕事の内容が変わらなくても、一緒にやっていくメンバーが入れ替わりますので、進め方や考え方などは違う可能性は高くなります。

また、チームとしての仕事力に差があれば、自分がすべきことにも変化が出てくるでしょう。同じ仕事とはいえ、初めは慣れないことも多いのではないでしょうか。

顧客や取引先などにも変化があると思いますので、慣れた仕事であっても、それはストレスを伴うでしょう。

とはいえ、転居を伴わない場合は、自宅に帰れば癒されることも多く、また、休日の過ごし方は変えずにいられる可能性が高いのですから、うまくストレス解消が図れる社員もいると思います。

だからといって、ケアをしなくてもよいということではありませんが…。

●転居を伴う転勤

これは本当にストレスだと思います。転居することそのものも面倒なものですが、土地勘のない知らない場所というのは、心細いものもあると思います。休日の過ごし方にも変化がありそうです。もちろん、それを楽しめるという人であれば、問題はないかもしれません。ですが、今まで慣れ親しんだ土地から離れるだけで不安感も増しますよね。自宅に帰っても、うまくストレス解消が図れなければ、仕事にも差障りがありそうです。

また、転勤した土地によっては、様々な変化があります。そもそも日本というのは、地域ごと、土地ごとに考え方や風習が違う場合も多く、そこに慣れるのも大変だと感じます。

「慣れ」というくらいですから、時間が解決するようにも思えますが、慣れるために積極的な行動がとれる人と、そうでない人がいます。そうでない人に対して転居を伴う転勤を言い渡す場合は、その前段階でのケアは必須となるでしょう。

また、転居に伴う様々な金銭的負担についても、会社がしっかりと支援すべきものであると考えられます。

転勤するなら辞めたいという人もいる

結局、ストレスを伴うものであるということを考えると、転勤するなら辞めるという社員がいても不思議ではないわけです。

近頃は、本人の希望がない場合は無理な転勤はさせない、という企業も増えていると聞きます。また、結婚をして家庭を持つと転勤はしたくなくなるという人も多いのではないでしょうか。女性の場合は、特に転勤で子どもと離れるわけにはいかないということから、辞めてしまうケースも多いと聞きます。

男性であっても、単身赴任はしたくないから悩むという話を耳にします。もちろん、理由としてはそれだけではありません。このところ増えている状況としては、親御さんの介護があるので、今の土地を離れるわけにはいかないという人も多いようです。

会社としては、その人を転勤させることに意味があるのでしょうが、辞めてしまわれては元も子もありませんよね。

そもそも大学生の就職活動の中では、「実家から通える範囲で働きたい」という希望も多いようです。転勤が多い会社は応募しないとはっきり決めている学生もいます。入社前であれ、働き始めてからであれ、しっかりとしたヒアリング、お互いの納得感を大切にすべきでしょう。

今時、はやらない？

私が、以前働いていた職場は、全国に店舗を持つ大手流通企業でした。私が勤めていたのは本社の中でしたが、本社内は全国から社員が集まっているような印象でした。そして、「来週から○○

店勤務ね」、なんてサラッと言われている社員も見ています。「え、来週から」とビックリしました。その方も、「え、家族が…」なんて言っていましたが、家族は後からでいいからと言われていまして…。今思えば、辞められても仕方がないのでは？　という気がします。また、都市伝説でしょうか、家を買うと転勤命令が出るなんていう笑えない話もありました。

このところ、地域限定社員という考え方も出てきて、全国転勤可能、エリア内転勤可能、地域限定など、選択ができるような会社も出てきました。もちろん、基本給等に違いはあるにせよ、自分自身の希望に合わせてもらえるのは、社員を辞めさせないために大切な取組みであると言えそうです。

それでも女性はやはり大変？

あまりジェンダー的な話をするのは好きではないのですが、やはり女性の転勤はハードルが高いように感じています。また、ご主人が転勤のときに、必ずついていくべきだから辞めるしかないという話も多く聞きます。その場合、ご主人の転勤先に女性をあえて転勤させてあげる、なんていう策もあるようですね。

もし、今、私が転勤の辞令が出たら、どうするか…。そうですね。やはり子育て中は困るかなと感じます。環境変化を喜べる人と、受け入れにくい人がいます。辞令受理ありきではなく、きちんと会話を通して、社員の気持ちを尊重することも大切なことであると思います。

5　できない、やりたくないという気持ち『昇進』

偉くなりたくない人もいる

一般的には、昇進は「おめでたい」ものであり、「喜ばしいこと」だという認識があります。もちろん、事実として、お給料が上がるなどの「よいと感じること」もありますし、今までの仕事ぶりが評価されてのことではあります。ですが、それに伴って、「責任が重くなる」、「残業手当がつかなくなる」などの「嫌だと感じること」もあります。

偉くなったって何もいいことなんかないよ、という話も聞きますよね。メンバーをまとめていくことであるとか、裁量度が上がる分、責任も重くなることであるとか、また、残業手当がつかなくなるのに、むしろ忙しくなって残業が増えるし…というケースもあるでしょう。

会社としては、その人を評価し、なおかつ期待し、昇進ということになるわけです。それでも、必ずしもそれを嬉しいと思う社員ばかりではないということです。

こういった「嫌だと感じること」というのは、昇進することに対してよいイメージを持っていないということだとは思いますが、自分自身の上司を見ているからというケースもあるように思います。身近な管理職の方が、自分にとって「よいとは思えない管理職」であったり、「仕事が大変そうだ」と感じられたりすれば、それはやりたくないことになるでしょう。

実は、ストレス尺度をはかる研究でも、昇進にはストレスが伴うという結果が出ているほどです。

昇進に伴う変化の度合い

今まで自分が仕事をしてきた部署の中で、順繰りに昇進していく形で自分も管理職になる、そんなケースであれば、やりたくないという度合いは一番低く済むでしょう。いわゆる、「管理職としての」考え方や仕事の進め方などをしっかり研修することで、対応はできるようになると思われます。もちろん、本人の気持ちがその研修を通して育っていくことも重要な要素です。

ですが、必ずしもそういったシンプルなケースばかりではありません。別の部署で昇進する、また別の支店・支社、さらに別の部署で昇進するなどのように。昇進に異動や転勤を伴うものも多くあるようです。こうなると、ストレスの度合いは一気に高まっていくと考えられます。

前項で説明してきたように、異動や転勤には「やりたくない、辞めたい」という感情を抱かせる要素がいくつもあります。それに加えて、昇進という「やりたくない、断りたい」という感情もプラスされるわけです。

仕事が変わる、立場が変わる、人が変わる、周囲の環境が変わる…と、変化のオンパレードです。すんなりと適応できる社員ばかりではありません。もちろん、研修をしっかり行うとか、少しずつじっくりと慣れてもらうということも可能ではあるでしょう。ですが、仮にも「昇進」ですから、「慣れるまで待ってくれる」というのは、本人としても情けない気持ちになりやすく、かなり難しいことだと考えられます。

ただし、「自分にはできない」という思込みや決めつけがあるという場合も多くあり、こういった社員の思込みを丁寧に解していくことは大切な対応です。

社員を甘やかすわけではない

こう書いてみると、「では、会社としてはどうすればいいのか」、「ただ辞めてほしくないからと言って社員の顔色を窺って、甘やかせばいいのか」と感じられてしまうかもしれません。

いえ、そういうことではないのです。会社としては、様々な企業戦略などの観点から、社員の力をいかんなく発揮してほしいという思いがあり、そのための、異動・転勤・昇進であることがほとんどだと思います。ですが、その辞令を受ける側の社員にも、様々な事情・都合・状況・思いがあり、すんなりと受け入れるには躊躇う気持ちがあるということを「知って」欲しいのです。

よく聞く話ですが、「この辞令を断ってもいいのだろうか」と悩む社員がいるということです。会社の辞令は断るものではないという先入観や古くからの風習・風土が、社員を苦しめていることもあるのではないかと考えられます。

そもそもこの辞令は何のために発令されているのかと考えたとき、会社の成長や発展のためであるわけです。であるならば、それに対する社員の1人ひとりが、気持ちよくそこに協力できる体制をつくることこそが、会社が考えていくべきことです。

それは、社員を甘やかし、会社の辞令など嫌なら断ればいいということではなく、お互いに納得できるような取組みをできないのか、一緒に考える時間をつくるべきではないかと思います。

女性の場合はさらにハードルが高い

女性活躍推進（ポジティブアクション）等に伴い、女性の管理職を増やしましょうという話があったかと思います。もちろん、この女性活躍推進は、女性の管理職を増やすためだけにあるのではありませんが…。

女性で管理職にという話が持ち上がるときにネックになるのは、勤務時間が長くなるのではないかということがあります。すでに家庭がある、子育て中であるということを考えると、勤務時間が長くなることを喜ばしくは感じないでしょう。

そして、見習うべき女性管理職が少ないという事実もあります。女性で管理職になった人が少ないので、誰を見本にすればいいのかわからないということにもなります。「第1号になってもらいたい」なんていう話もよく耳にしますが、余計にハードルの高さを感じ、尻込みをしてしまう方もいるように思います。

さらに、問題としては、「女の管理職に命令されたくないと考える男性社員」がいるということです。また、いるだろうと想像するから尻込みをするということですね。

女性だから、男性だから、というわけではありません。やはり、まずは「やりたくない、辞めたい」と社員が感じる施策を押し通すことは、誰にとってもプラスにはならないという意識を持つべきだと思います。

6　人間関係は難しい――ハラスメント

どんなハラスメントがあるか

ハラスメントにはいろいろなものがあります。皆さんがよく耳にするものと言えば、

・パワーハラスメント
・モラルハラスメント
・セクシャルハラスメント

が有名だと思います。また、ほかにも、

・アカデミックハラスメント（学校の中で教員から受ける精神的肉体的嫌がらせ）
・スメルハラスメント（臭いで周りが不快な思いをさせられるもの）
・マタニティハラスメント（妊娠・出産を理由とした精神的肉体的な嫌がらせ）

などもあります。

現在は多様性の時代であり、様々な人たちがいるという認識が進んでいます（LGBT などもその１つですね）。このことから、

・ジェンダーハラスメント（性によるステレオタイプな性差別による嫌がらせ）
・レイシャルハラスメント（人種差別を示唆するような差別や嫌がらせ）

もあるようです。

レイシャルハラスメントは、日本ではあまり聞かれないのですが、グローバル化が進む昨今、耳にすることも増えてきました。

「嫌だ」と思えばそれはハラスメント

人が集まって仕事をしている以上、どうしても人間関係が原因となる「辞めたい気持ち」は、なくならないのではないでしょうか。

また、受取り方や感じ方は、人それぞれであるため、なかなか受けた側の気持ちが理解できないというケースもあるのではないでしょうか。

ですが、これは、子どもたちのいじめと同じで、ハラスメントをした側にハラスメントの意識がなかったとしても、受けた側がハラスメントだと感じれば、それはハラスメントが認定されてしまいます。

現在、新型コロナウィルスの影響もあってか、リモートワークを実施している企業も増えてきました。そうすることでハラスメントはなくなるのかというのは、非常に興味深い話ではあります。

ですが、このリモートワークの中でも、「監視されているようで落ち着かない」、「テレビ会議中に自宅での様子が垣間見える感じが嫌だ」など、いろいろな気持ちが起きてくるようです。これもまた、「リモートワークハラスメント」という名称になっていくのだろうかと思うと、何か複雑な気持ちです。

この社内で起きるハラスメントの大きな問題は、誰に相談していいのかわからないということになるようです。実は、セクシャルハラスメントの苦情を申し立てたことによる二次被害を指す言葉として、「セカンドハラスメント」というものもあります。

会社としての対策はしっかりしておくこと

自分自身の無意識な発言から、簡単に加害者にもなり得るのがハラスメントです。こんなことで貴重な人材が「辞めたい」気持ちになってしまわぬよう、しっかりとした対策を講じておくべきでしょう。

相談窓口だけでなく、加害者の懲戒規定なども作成するとよいと思います。社員を処分することだけを目的とせず、社内でのハラスメントに対する抑止になればなおよいと思います。

相談窓口を担当する人がハラスメント加害者だったなんて笑うに笑えない話もあるようです。誰を担当者にするのかということや、担当者の研修をしっかりと行うことは重要な考え方です。また社外の相談窓口を活用し、社員に周知するのもよいと思います。

実際には、２０２０年６月１日から、ハラスメントに関する法律が強化されます。特に、パワーハラスメント防止に関する対策は、事業主の義務となります。会社としては、法律に基づいた規定を明確にし、しっかりと社員を守ることを周知していきましょう。

もっとシンプルな人間関係も辞める理由となる

さて、ハラスメントという、いわゆる会社の社会的評価を下げるほどの問題というわけではない、もっとシンプルな人間関係の中にも「辞めたい」理由はたくさんあります。

求職中の方と面談を実施していても、「人間関係のよいところで働きたい」という条件を口にされる方はかなり多くいらっしゃいます。この「人間関係のよいところ」とは、どんなところでしょうか。

実は、考え方は人それぞれであり、何をもって「人間関係がよい」と判断するのかは一概に決められるものではありません。社内の人間同士で仲がよく、プライベートでも出かけられるほどという状況を「よい」と考える人と、「嫌だ」と考える人もいるわけです。

また、うまく言葉に表現しにくい「何となく苦手」であるとか、「相性が悪い気がする」であるとか、うまく伝えられないようなものも「人間関係」と言えます。

厳しい上司を持つ同僚たちであっても、「厳しくて成長できる」と感じる社員もいれば、「いつも怒られてばかりだ」と委縮してしまう社員もいるわけです。

こうなってくると、会社としてもどうにもならない、打つ手がない気がしますよね。スキルや知識なども含めた適性を鑑みて社員の配置を決めているのだとは思いますが、そこで「どんなタイプの社員なのか」ということも、やはり大切にはなってくるのかなと思います。

先ほどの話だと、叱咤されながらも自分を成長させていきたいと考える社員と、まずは少しずつ寄り添って成長を見守らないと前に進みにくいという社員がいれば、その人に合った上司、同僚、部署に配属できればと思います。

従業員の人数が多ければ多いほど、そこまで考えてはいられないとは思います。ですが、学生の就職活動であれば、ＯＢ訪問や短期インターン、社内人事施策であっても、部署経験ができるような取組みなど、あれば面白いのではないかと思います。

このハラスメントも含めた人間関係の問題については、社内教育というよりも、しっかりとした相談の場を環境として整備していくことが、社員を辞めさせないポイントであると考えます。

7　労働条件や実情が厳しい――働き方改革

働き方改革の目指すもの

働き方改革実施の理由としては、人口が減少することや少子高齢化による労働力人口減少をどうするのかということからスタートしています。この労働力不足を解消するために、働き手を増やすことや生産性の向上を目指すことを実施していこうとしています。そのための３つの柱が、「長時間労働の是正・正規、非正規の不合理な処遇差の解消・多様な働き方の実現」となっています。働き方改革＝残業を減らすべきという単純なことだけではありません。この3つの柱を実現するために、具体的な取組みをしていきましょうということです。

会社がこの取組みのために独自の案を出していくことは大切です。例えば、「多様な働き方の実現」として、現在の新型コロナウィルスの影響による「テレワークの推進」というのも該当しますよね。ただ、どうしても、「長時間労働の是正」というところに関心が高まりやすいと思います。ですが、いざ、長時間労働を是正するために残業を減らそうということだけでは、人手不足の業界はどうするのか、時間外手当減少により生活が厳しくなることをどうするのか、といった問題にはうまく答えが出せません。会社の実情に合わせ、柔軟に対応していくための取組みや施策が求められているのだと思います。

長時間働く人が評価されるわけではない

実際に、「辞めたい」という声として挙がるものの多くは、「過重労働」になるかと思います。とにかく残業（時間外勤務）が多い、休日出勤が多い上に、代休を取得する暇もない、有給休暇を取らせてもらえない（もしくは制度がしっかりしていない）などが、いろいろな職場で起きている問題ではないでしょうか。

以前は、「たくさん働く」ことが仕事への尽力であるとか、会社への貢献であるとか、何かしら評価につながるようなイメージがありました。ですが、長時間＝成果が大きいとは限りません。ましてや、精神論や根性論で「とにかく働け」というのは現実的ではありませんよね。

長時間労働であることや休日出勤をすることそのものが、いきなり退職につながるわけではないと思います（もちろん、それが長期間にわたって行われていれば別ですが）。その状況を強要される環境であるとか、給与等も含めた評価がなされていないとか、そういった会社としての体制・体質・風土・環境があって、「辞めたい」になるのではないでしょうか。

今は、働き方改革にもあるように、生産性の向上という視点が大切です。生産性の向上は、長時間労働ありきではありません。生産性を向上させるためには、仕事に従事する社員が気持ちよく働ける環境をつくってこそ可能だと考えます。会社側はそれをしっかりと理解し、効率化や個々のスキルアップにかかわる教育機会を提供していくことを考えていくべきではないでしょうか。

残業＝悪なのか？

とはいえ、時間外労働を一切やらないことになると、収入が減ってしまって困るというケースも多いと聞きます。

定時に仕事を終えることができると、趣味や友人・家族との時間を持つことができる、プライベートが充実すると、よいことのようにも思えます。ですが、実際にはローンの支払いに困ることになる、奨学金返済が滞るという声も聞かれます。

また、規則が変わって残業をこれ以上はすることができないけれども、実際に仕事は終わらない、そこで時間外労働を正直に申請しないということもあるようです。

長時間労働、過重労働を原因としたメンタル不調・体調不良などが起きるようでは、是正が必要です。社員を大切にすべきです。ですが、何が一番、社員の求めていることなのか、どうすることが社員にとってよいことなのかをしっかりと見極めてほしいものです。

働かせ過ぎであっても、残業をすべて取り上げてしまっても、どちらも困る社員はいるということであり、どちらであっても「辞めるしかない」と考える社員はいるということです。

ワーク・ライフ・バランスとは何がどのようにバランスすることなのか

求職活動をしている方とお話をしていると、「ワーク・ライフ・バランスがよい会社で働きたい」という声を聞きます。そもそも、「ワーク・ライフ・バランス」とは何でしょうか。

言葉から見てみると、「ワーク」と「ライフ（プライベート？）」がバランスしている状態を指しているように見えます。このバランス、シーソーが釣り合っている状態を想定すると、かなり難しいのではないでしょうか。釣合いを「時間」で換算すると、無理であろうと感じます。

時間外勤務が多い社員にとっては、シーソーが釣り合う状態を「よい」と考えそうですが、育児休暇中・時短勤務中の社員にとっては、確実に釣り合いません。釣り合わせましょうと言われるほうが迷惑ですよね。

【図表１　「ワーク」は「ライフ」の中に存在】

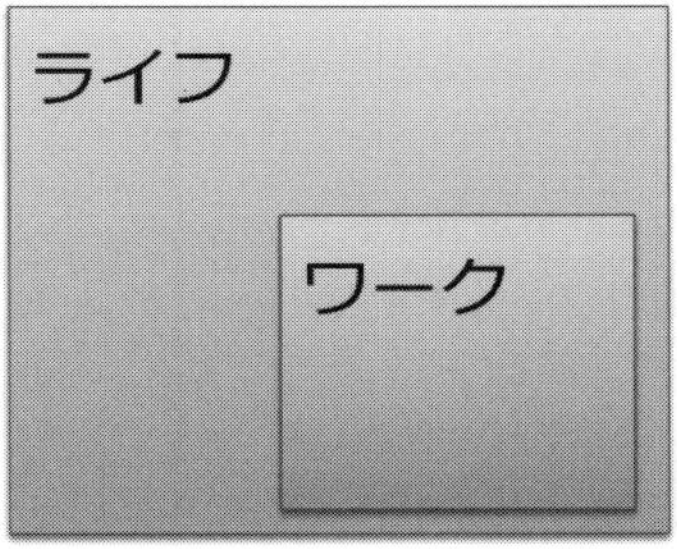

「ワーク」と「ライフ」は、シーソーのバランスではなく、「ワーク」は「ライフ」の中に存在すると考えてください。自分自身の「ワーク」は、「ライフ」の中でどの程度の分量が最適なのか、と考えることが「バランス」だと思います。

「ワーク」と「ライフ」の関係は、年齢や立場・状況によって大きく変化していきます。その変化に対応しながら、自分なりの「バランス」を目指していく。そして、その自分なりの「バランス」を柔軟に対応する取組みを会社が認めてくれるということが、一番求められているのではないかと感じています。これこそが、『多様な働き方の実現』でもあり、「辞めたい」社員を減らす取組みでもあると思います。

8　制度はあるけど、風土はない

「辞めるしかない」という状況にある様々な事情

「本当は辞めたくなかった」けれど、「辞めるしかなかった」という方とお話をする機会が多くあります。

例えば、子育てとの両立。そして、介護との両立。近頃では、病気療養との両立。このあたりは、仕方なく辞めるという方も多いのではないでしょうか。もちろん、社員としては、よくよく考えた上での結論であると思いますし、そうせざるを得ない事情も理解できます。

そういった状況にある社員の方とお話をさせていただく中で、「辞めるのがベストである」と考える理由の中には様々なものがあります。それには大きく分けて、

・会社の理解が得られない
・家族の理解が得られない

の2つがあります。

問題は、「会社の理解が得られない」ことです。

社員をいかに長く、気持ちよく働き続けてもらえるようにするかは、会社が考えていくべき重要な施策です。「いや、しっかり制度はあるけど、利用しないし、相談もしてこないし」と嘆く管理職の方もいらっしゃるでしょう。

制度が活用できる風土はあるのか

では、なぜ社員は、制度を活用せずに、「辞めるしかない」と考えてしまうのでしょうか。

それは、会社の風土にあると考えられます。以前までよく言われていた「女性は結婚したら辞めるよね」というもの。今ではさすがに、そこまでの風土はないのかなと思います。ですが、「子どもができたら辞めるよね」という風土はありませんか?

私が面談をさせていただいた方の中には、「上司に妊娠を報告したら、いつ辞めるの？　と聞かれました」という方もいらっしゃいます。なぜ、産休育休という制度がありながら、「辞める」ことが前提になってしまうのでしょうか。

「いいえ、産休と育休をいただいて、ずっと働く予定です」と答えたところ、「今までの女子社員は（女子社員という言い方もどうかと思いますが）、皆辞めたよ」と返されたとのことです。

現在は、この「産休育休の取得率」というものが、求人の募集要項に掲載されるケースもあります。特に、新卒就職ナビサイトなどでは、必ずといっていいほど掲載されています。その数字を信用するかしないかは、応募者次第ですが、目安にはなると思いますね。

本来であれば、１００％が望ましい取得率です。そして、女性社員だけでなく、男性社員の取得率も掲載されています。さすがに男性社員の取得率はかなり低くなっています。これを高める取組みをしようと動き始めていますが、問題としては、男性は産休育休を取得しにくい風土があったとしても、会社を辞めるという判断をすることはほぼないということ。これが、男性の取得率が上がらない要因の１つでもあるのかなと感じています。ですが、男性が取得しにくい風土は、改善していきたいものです。

「いづらい」と感じてしまえば、それは風土の問題

制度活用がなされない風土があるということは、非常に問題であると考えます。就業規則に「と

りあえず掲載」してあるだけだからです。

就業規則は何のためにあるのかと考えてみると、会社側が社員を「取り締まる」ためにあるわけではないということです。就業規則というのは、雇用主と雇用される側の雇用に関するルールのことですが、「社員が働きやすくなるように会社が規定している、社員の平等性に関する取決め」であるとも考えられます。なぜなら、「労働者の意見を反映すべし」という考え方があるからです。であるならば、それが活用されない風土というのは、個人的な価値観に基づく害悪でもあるわけです。

制度として設けられていることであっても、社員本人が「いづらい」という状況であれば、それは風土の問題と言えます。もちろん、本人の価値観がいづらいと言わせている場合もありますし、「いづらくなった」という思込みもありますので一概には言えません。

できれば、「辞めるしかない。いづらい」となったときに、1人で考え悩み、「辞める」という決断をしないような風土づくりというのも、会社側としては取り組んでいただきたいところです。

正直、たくさんの方々、またいろいろな価値観を持つ人の集まりである会社が、社員全員が気持ちよく働ける職場の風土をつくるのはかなり難しいことだと思います。ですが、少しでもそこに向けて改善・改革の努力を見せている会社が、社員としては信用できるのではないでしょうか。

多様な働き方を実現していくこと

近頃、週休3日制という企業も出てきましたね。すべての社員が週休3日・勤務4日という場合と、選択できる場合とあるようです。

選択できる会社ですと、１日の勤務時間を調整し、１週間の労働時間はどちらを選択しても同じ状況となっているようです。週休３日にすることで、会社側・社員側どちらにも、メリット・デメリットはあります。

ですが、多様な働き方を実現していこうという取組みは、「辞めざるを得ない」と考える社員を減らす、１つの手段ではあります。

また、今は、新型コロナウィルスの影響もあって、リモートワークを推奨しています。このリモートワークについては、可能な業種・職種が限られていて、必ずしも皆が実施できることではありません。さらに、会社の事情や都合によって、実施できない場合も多くあるでしょう。

ただし、可能であるならば、それを推奨していく、また社員の申し出により許可をしていく柔軟な姿勢が会社には求められていると思います。感染リスクをいかに減らしていくのかということを会社が考えることが、社員を大切にしているかどうかの判断基準になり得るでしょう。

リモートワークだけでなく、時差出勤や短時間勤務などの対策について、認めていく姿勢が求められます。会社は、利益を出すことが求められてはいますが、まずは、社員を大切にしてこそだということを十分に理解し、またそれを実施していくことが求められます。

単純ではありますが、辞めてほしくないのであれば、辞める理由を考え、それを予防していくリスクマネジメントをすることが、会社の風土づくりに役立つのではないでしょうか。

9　辞める以外に手はないのか

辞めるか、辞めないか。二択は脅迫？

ここからは、自分自身のことや社員から相談を受けたと仮定して考えてみてください。「辞めたい」というときでも、「辞めるのもやむを得ない」ときでも言えることなのですが、「辞めた場合」と「辞めなかった場合」について、十分に吟味することが大切だと思います。

一般的には、メリットとデメリットをしっかりと比較することが、まずできることですよね。ですが、「どっちかを選ぶ」となると、難しいのではないでしょうか。どちらにもメリットとデメリットがあり、気持ちはシーソーしてしまいます。また、そのシーソーを何とかするために、双方のメリット・デメリットについて、優先順位をつけていくことで、何か変化が生まれることもあるかも知れません。

これは、皆さんに言えることですが、自分の将来を考えるに当たり、二択は脅迫のようなものです。どっちにする？　さぁどっち？　と追い詰められてしまう、そんなものでしょう。

ですが、そもそも「辞めたい」という気持ちが発生したときには、そちらに比重は傾きがちで、辞めないメリットや辞めるデメリットには気がつきにくいかもしれません。そういった細かな部分にも目を向け、吟味することで別の考え方も出てくる場合が多々あります。

自分の将来を「選択」しようと考えるのであれば、選択肢は2つ以上あったほうがいいと思います。二択は脅迫、選択は複数の選択肢からと考えておくとよいでしょう。複数の選択肢を考えるために、視野を広げていくことができますし、情報収集にも偏りがなくなると思います。

視野を広げると何が見える?

自分（社員）を取り巻く環境に目を向けてみましょう。環境は、すべて自分を助けてくれる大切なサポート資源となり得ます。いわゆる、家族に相談するというのは、大切な環境の1つです。もちろん、会社に相談をすることもそうでしょう。ですが、会社を辞めたいと考えているときには、会社に相談することを避けてしまいがちです。だって、「辞めたい」なんて相談、できないですよね。でも、本当にそうでしょうか。会社の中にいるのは、上司や管理職だけではありません。自分の近い先輩、そして同僚。実は、直属ではない上司というのも、相談相手になります。「相談できない」と決めつけてしまうのは、勿体ないことです。そして、自分自身が「相談できない」と思われているとすると、それも寂しいことですよね。

その他、地域や公的機関にも相談場所はあります。何を悩んでいるのか、何に困っているのか、それを理解することが第一歩です。それを解決する、また解決に導くための相談先は、問題がはっきりしていてこそ、適切なところに行けると思います。

社員本人の友人や知人も大切なサポート資源となります。今はいろいろな形で情報収集が可能な時代です。そのとき、偏った情報になってしまわないよう、視野を広げていくことが重要です。

「辞めたい」とか、「辞めるしかない」と考えているときには、つい視野が狭くなり、自分の考えに固執しがちです。まずは自分自身の問題を把握すること、そして、適切な資源を探していくという主体的な行動こそが、「辞めたい」けど「辞めずに済む」方法の近道ではないでしょうか。

「辞めた後の自分」はどうなっていればベストなのだろうか

「辞めたい」と強く感じているときには、辞めることが最大の目的になりがちです。辞めることでしか問題は解決せず、今はまず辞めることが重要なのでしょう。もちろん、状況や事情によっては、そういった場合もあるかも知れません。ですが、たとえそうであっても、「辞めた先の自分はどうなっているのだろう」ということを考えておく必要があるでしょう。相談された場合は、そこを助言してほしいところです。

単純な例で考えてみましょう。「とにかく時間外労働が多く体がきつい、だから時間外労働の少ない会社で働きたいのだ」、と思ったとします。その際、選ぶお仕事は今まで同じで構いませんか？せっかくの機会だから、別の仕事に就いてみたいと考えますか？

「辞める」のは簡単なことです。ですが、後悔することも多くあります。会社としては、できる限り社員を辞めさせたくないと考えるでしょうが、大事なことは、「辞めさせない」ことではなく、「辞めたい」と思われない会社づくりであり、ベストな将来を一緒に模索することでしょう。

第2章

仕事に取り組む
マインドの育て方

1　人はなぜ「やる気」になるのか

やる気がない、出ないというときは、誰にだってあるもの

誰しも、「どうもやる気にならない」というときはあります。やらなければならないことがあるとわかってはいても、何となく気持ちが乗らないときというのはありますよね。それは、どんなときだと思いますか？　意外にも、行動している最中というのは、この気持ちになることは少ないと思います。実は、行動していないときに限って、「やる気にならない」という状況に陥りやすいのです。

「やる気が出ないから、少し休んでからにしよう。そうすればまたやる気が出るだろう」というのは間違いです。動かなければ、やる気にはなりません。

人によってやる気がないときにどうするかは、分かれるところではあるでしょう。

①　やる気が出るまで待つ
②　とりあえず何かやってみる
③　時間を区切ってやってみる（○時になったらやろう、まずは○時までやろう、など）
④　気分転換に違うことをやってみる（ゲームをする、音楽を聴く、など）

この中で、やる気に効果がないものが、①になります。

何もせずに、ただやる気になるのを待っていても、やる気というのは起きてきません。では、どうすれば人はやる気になるのでしょうか。

やる気スイッチはあった！

ＣＭで皆さんも耳にしたことがある「やる気スイッチ」ですが、実は脳内に実在します。それが、「側坐核」と呼ばれる部分であり、この「側坐核」が刺激を受けることで、神経伝達物質である「ドーパミン」が放出される仕組みになっています。

この「側坐核」を刺激するには、動くということが重要になります。きちんとした行動であるとか、仕事に限定する必要はありません。少し手足を動かすだけでも、小さな刺激は与えられます。

前段にある④のように、気分転換をすることも効果があります。私自身、仕事中に何となくやる気が下がってきたとき、社内散歩に出かけます。日常、大学の中で仕事をしていますので、校内散歩ですね。外に出て深呼吸をしたり、授業を受けている学生の様子を眺めてみたり。そんな数分の気分転換でもリフレッシュはできるものです。

そして、仕事に向き合うための単純なやる気として、まず行動してみるというは大切なことです。

例えば、「何となく仕事のやる気が出ないから、きょうはちょっとだけ机の上でも片づけよう…」と思って片づけを始めていたら、引出しやらファイルやら引っ張り出して、いつの間にか終業時間だったなんていう経験はありませんか？　これは、作業興奮と呼ばれるもので、ドーパミンが放出されている状態になります。

とても単純ではありますが、これが人のやる気にかかわるお話になります。

では、さらに人を動かす衝動について考えてみましょう。

人を動かす4つの衝動

人は、4つの衝動（欲動）で動くとされています。欲動とは、「人間を常に行動へと向ける無意識の衝動」のことになります（ポール・R・ローレンス、N・ノーリア）。

①「獲得」……富と地位
②「親和」「キズナ」……集団帰属
③「学習」「理解」……知りたい衝動
④「防御」……脅威に対する防衛反応

この4つの衝動は、それぞれが異質なものであり、どれが重要か順位はつけられません。また、4つの衝動に同時に取り組むほうが成果は大きいとされています。

無意識であるというところが面白いですね。皆さんはどうでしょうか。この4つの衝動を意識することはできますか？

この4つの衝動を利用して、「人がやる気になる」ことを理解してみるといいでしょう。社員がやる気になるために、何をどのように「刺激」として与えていくのかという考え方をしてみると、

【図表２　マズローの欲求階層説】

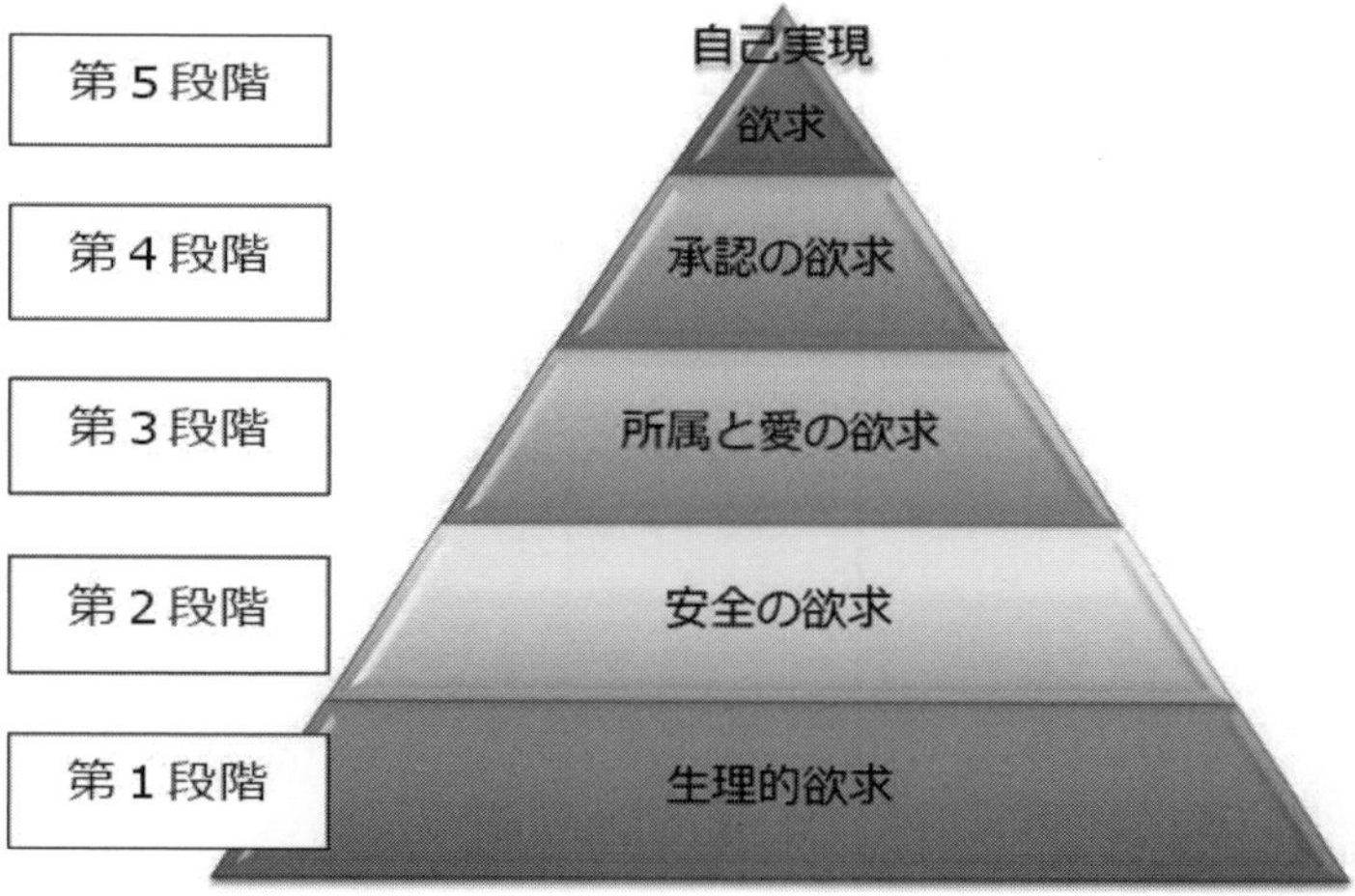

初めの一歩には活用できるのではないでしょうか。

ほかにも様々な視点や理論的な考え方から、「やる気」や「モチベーション」に関することを考え、どのように「取り組むためのマインド」を育てていくのか考えていきましょう。

2　人間の欲求から考える〈1〉

人が欲求を満たしていくこと

まずは、図表2をご覧ください。

見たことがある方も多いと思います。これは、「マズローの欲求階層説」（Abraham Harold Maslow）というものです。

この5つの欲求について、一般的に皆が持っている、感じているであろうものであることはわかるかと思います。そして、これは、「人間は自己実現に向かって絶えず成長する」という仮説をもとにつくられた理論となります。

この理論を語るのに重要な部分としては、段階の低いところの欲求が満たされると、より高次の欲求を満たそうと努力をするということです。

1つひとつを簡単に説明していきましょう。

●第1段階　生理的欲求

これは、食べる・寝るなどの生命維持に必要な欲求となります。人は、いろいろな欲求がありますし、やる気やモチベーションについて考えていくことも大切ですが、まずは生きていく上で基本的なものが満たされることが最重要ということですね。

●第2段階　安全の欲求

第1段階の生理的な欲求が満たされると、次は身の安全を求めます。安心安全であること、安定を求めていきます。心身の安心安全が保障されていることが、人にとっては当たり前の欲求として段階が低い部分にあるのでしょう。

●第3段階　所属と愛の欲求

自分自身の生理的な生存欲求と身の安全が満たされると、周囲の人とのかかわりを求めるようになっていきます。

自身を受け入れてもらう、孤独を避ける、共同体の一員となるということを求めていくものなのでしょう。

「人は1人では生きてはいけない」と言いますが、「誰かと支え合いたい」ということは、実はごく自然な欲求なのかもしれませんね。

●第４段階　承認の欲求

かかわることを受け入れてもらえると、さらに認めてもらいたいという欲求へと進んでいきます。これは、２つに分かれ、自己が自己を認められるようになる自尊の欲求という部分と、他者から自己が認めてもらえるという評価にかかわる欲求という部分です。

頑張ったら認めてもらいたい、評価されると自信が持てるという気持ち、誰しもあるものです。社会人だけでなく、子どもにだってありますよね。やはり人は子どもでも大人になっても、「褒めてもらいたい」生き物なのかなと思います。

この承認の欲求が満たされると、自分は世の中で役に立つ存在だと感じることができますが、逆に満たされないと、焦燥感や劣等感、無力感などを感じることになります。

ここまでを欠乏欲求と呼びます。足りなければ満たしたいということですよね。

●第５段階　自己実現欲求

最後の自己実現に関する欲求は、成長欲求と呼ばれています。自分らしく、能力を発揮し、自己成長を目指していく、そんな欲求です。

第４段階までの欲求がどれだけ満たされていようとも、この自己実現の欲求を満たしたいと思えば、いろいろな不満が人には生まれてくるというわけです。

辞めたい社員は何が不満なのだろう

このマズローの欲求階層説から辞める社員を見た場合、どんなことがわかるでしょうか。

第1段階を満たせない社員はいるでしょうか。もちろん、基本的な生存の欲求を満たすことが叶わないような会社であれば、社員が辞めても当たり前。そんなこと考えるまでもなくわかることです。ですが、いわゆる「ブラック企業」と呼ばれる会社については、ここを満たさない社員もいるのではないでしょうか。時間外労働やハラスメントを受けていることが、眠れない、食欲がないなど心身の不調を呼び起こすようであれば、ここを満たすことすらできていないということでしょう。

では、第2段階はどうでしょう。安心安全について、会社が社員を守る意識を持っているのだろうかということです。ここも、満たされて当たり前と感じます。いわゆる、ハラスメントが改善されていかない会社というのは、社員は自分自身の心身について、安心安全を感じてはいませんよね。とても重要な部分であると考えます。

第3段階になると、社員によって欲求の度合いに差があると感じます。いわゆる、「社内の人間関係がよい状態」を求める方は多いと思います。ですが、どんな状況を「人間関係がよい」と感じるのか、個人差がありますよね。自分の価値観で判断するのではなく、その社員それぞれの考え方や価値観を鑑みた環境を考えていけるといいのかなと感じます。

第4段階では、やはり職場の先輩・リーダー・上司・管理職と呼ばれる立場の方々が、メンバーをどのように見ているのか、どのように接しているのかということもポイントになってくるかと思います。厳しく育てるという考え方もあると思いますが、やはり褒められたいですよね。私だってそうです。すでに社会人経験30年になりますが、褒めてもらう、認めてもらうということは、心が満たされるものですし、より頑張りたいという意欲も高まるものです。

仕事において、注意を促したり、ミスや間違いを指摘したりという場面は、当たり前のようにあるものです。であっても、できていることや成長がわかったときには、それを認める、褒めるということも、まずは大切にしてもらえるといいのではないでしょうか。

より高いマインドを持ってもらうには

第５段階を目指す状況をつくることが大切になってくるでしょう。第４段階までは欠乏欲求です。より高い成長欲求を持つことが、前向きであり、能力を発揮したくなる働き方につながっていくのではないでしょうか。職場内の社員たちが、常に自身の能力を把握した上で、それを適切な場で発揮しようと取り組んでいる、そんな職場づくりが社員を辞めさせない大きな要素となりそうです。

３　人間の欲求から考える〈２〉

仕事を頑張る意欲は何が源泉になるのか

実は、人が「職務満足」を得るための直接的な要因というのは、仕事そのものにあります。自分の担当している仕事、責任を持って取り組んでいる業務、それらが職務満足の直接的な要因となっているのです。自分の仕事に「意味」や「意義」を見い出せるということは、仕事そのものへの満足感が高まることにつながります。

さらに、それに伴って、達成していくこと、承認を得られること、責任を全うすることでより大きな満足を得ます。結果として、昇進や昇格など、評価や自己成長を実感できることがあれば、よりよい満足が得られるでしょう。

前段で見た、マズローの欲求階層説を思い出してみましょう。

承認は第4段階、そして自己成長は第5段階にあったかと思います。第3段階までは当たり前に満たされることを条件として、それ以上の部分において満たされてくると、「職務満足」が得られるということです。また、この「職務満足」を目指していくことが意欲の源泉となると考えられるでしょう。

職務満足を得ている状態というのは、離職も防げますし、生産性も向上していくと考えられます。この職務満足の直接的な要因を「動機づけ要因」と呼びます。

アメリカの臨床心理学者であるハーズバーク(Herzberg,F)は、職務満足に作用する要因を分析し、職務満足を促進し積極的な動機づけの役割を果たす要因を「動機づけ要因」と呼び、職務不満足を防止する予防的役割を持つ要因を「衛生要因」と呼ぶ、「2要因説」というものを発表しています。

この動機づけ要因は、促進要因とも呼ばれる「ないからといってすぐに不満が出るものではない」

ものの、「あればあるほど仕事に前向きになる」要素となります。また、衛生要因については、動機づけ要因と表裏一体ではなく、満足の反対が不満足というわけではありません。不備があれば不満を生じますが、不備がなければやる気になるというわけではありません。

動機づけ要因と衛生要因について、それぞれ考えてみましょう。

動機づけ要因

動機づけ要因は、やる気の直接要因なわけですが、職務満足度を上げる仕事そのもの、達成や承認、責任、成長といったものがそれに当たります。

目標を持ち、そこに向き合っていくときにモチベーションが上がっていきます。目標を達成することそのものも大切ですし、また、達成したときの承認、評価というのも、自分がやってきた仕事に対する自信につながるでしょう。大きな満足を得られます。さらに、自己を成長させようという気持ちになりますので、より上の目標を決めていくことにもつながるでしょう。

このように、前向きな気持ちで仕事に向き合っているとき、人は会社を辞めようとは思わないでしょうし、生産性も上がるわけです。

ここで、会社が承認・評価をしなかったらどうでしょうか。もっと自分を認めてもらいたい、認めてくれる会社に変わりたい、そんな気持ちになっても仕方がないということになります。どんなに頑張っても、努力をしても、結果を出しても、会社は自分を認めない、そんな環境ではやる気が落ちることもあるでしょう。せっかくやりがいを持って働いていたとしても、少しずつ気持ちがそがれていくこともあるのではないでしょうか。

衛生要因

皆さんが仕事に対してやる気を持つ、意欲が高まるということについて、もう1つ気になることはありませんか？　人は、給与が増えることについてやる気が高まる傾向がありますよね。定期昇給があるという会社も多いのでしょうが、そこでの査定が上がっていくことについて、改めて自分の仕事に対する価値であるとか、評価という部分で承認されたと感じることも多いと思います。

一般的には、給与が上がることについて、それに伴ってやる気も上がるという考え方はあると思います。ですが、実は短期的な満足となります。毎月毎月、昇給していくわけではありません。少なくても、定期昇給で言えば、1年間のやる気持続になるのかというと、そうでもないと言えるでしょう。給与というのは、短期的な満足にしかならず、長期的に職務満足を高めるためには、動機づけ要因が重要となります。

実際に、不備があれば不満が生じ、だけれども不備をなくしたとしてもやる気になるわけではないということです。

ほかには、人間関係であるとか、作業条件、労働条件などが衛生要因に当たります。不備があれば不満が生じます。この不満が高じてくれれば、辞めることにもつながるわけです。第1章でも触れた部分ですよね。ここは社員の不満を減らしていくために、衛生要因を減らしていくことが企業努力として必要でしょう。社員を辞めさせないとするのであれば、この衛生要因の不満足を減らしていくことが大切です。

さらに、やる気を持ってもらう、仕事に取り組む意欲を高めるということであれば、動機づけ要因について満たされていくような取組みが大切になってきます。

4　仕事意欲向上策〈1〉

やはり見返りは期待したい

ここまでは、人の根本的な衝動や欲求という視点から、「やる気」について考えてきました。また、仕事という枠組みで見た場合の動機づけについても考えてみました。次は、実際に仕事の意欲を向上させていくものについて、２つに分けて考えてみたいと思います。

働く上でいろいろと優先したいことや大切にしたいことがありますよね。とはいえ、やはり見返りは期待したいものです。頑張ったら、それなりの「ご褒美」が欲しいものです。私たち働く人だけでなく、子どもだって同じです。「テストで１００点取れたらゲームを買ってね」と同じ考え方ですよね。

子育てにおいて、「ご褒美でコントロールするのはよくないことだ」と言われているようです。

ですが、実際に、人は、何かしらのご褒美があることで、頑張る気持ちは起きてくるものです。
そして、このご褒美というのは、目に見える形で存在するものでもあります。もらった自分が嬉しい気持ちになることと同時に、周囲の人に対する影響も及ぼしていきます。頑張ってご褒美をもらった人を見た周囲の人の気持ちということです。どうでしょうか。羨ましい、悔しい、腹立たしい、負けたくない、(自分は) 情けないなど、いろいろな感情があるでしょう。ということは、周囲の人の意欲向上にも役立つ可能性が高いということが言えそうです。

外発的動機づけ

これは、「外部からの人為的な刺激によって動機づけられる」ものとなります。外側から見える形で動かされていく、という感じでしょうか。一般的に言われる外発的動機づけにかかわるものは、

- 金銭
- 褒美
- 賞賛
- 称賛
- 評価
- 報酬

などです。つまり、「もらえると嬉しいから頑張る。やる気になる」というものになるでしょう。

先ほど、子どもの勉強について例を挙げましたが、仕事という視点で単純な表現をしてみると、成果型報酬が挙げられます。１個売ったら50％が自分の取り分ですよとなれば、頑張って売りますよね。そして、１００個以上売ったら50％が55％に増えますとなれば、さらに頑張るわけです。頑張れば頑張っただけ自分への見返りが増えるわけですから、それはやる気になることでしょう。これが、能力主義、成果主義の考え方になります。

その他にも、長く働いているから安定した定期昇給が見込め、少しずつ昇格・昇進していくというわゆる終身雇用や年功賃金の考え方とも言えるのではないでしょうか。

非常にシンプルではありますが、いわゆる「ニンジンを目の前にぶら下げられた馬」のようなものです。その外発的動機づけですが、強制されると自発性は低くなります。その分、自分自身の価値観や人生の上での目標などと一致している場合は、自発性が高まった動機づけとなり得ます。

評価制度

会社の中で評価制度を設けているケースは多いのかなと思います。基本的な一定基準があり、それをもとに社員を評価し、適切な報酬や昇格へと結びつけているのではないでしょうか。ですが、これが目に見えない形であるとか、形骸化してしまっているとか、問題を抱えている会社も多いように感じます。また、性差が存在しているということも考えられます。

あまりにも細分化されているとややこしいかも知れませんが、この評価制度については透明性があると社員の外発的動機づけに役立つ可能性は高いと考えられます。

とある企業では、職位レベルというものが存在しています。この職位レベル、初めのうちは入社からの年度で1段階ずつ上がっていきます。それが、ある一定程度以上になると、試験を受ける、上司の推薦をもらうなどしなければ上がってはいきません。こういったケースですと、何の試験を受けるのかということについては透明性を図れますが、上司の推薦をもらうということに関して透明にできないように感じます。上司の推薦をもらうための基準に透明性を持たせたいものです。

厚生労働省のホームページでは、「職業能力評価基準について」というものが記されています。こういったものを活用するなどして、公平で透明度の高い「評価基準」を会社ごとに策定し、社員の仕事意欲向上に役立ててはいかがでしょうか。

「頑張れば目に見える形できちんと評価される」。シンプルではありますが、実は当然のこととして社員は求めていると思います。

頑張っている内側では何が起きているだろうか

では、この外発的動機づけに動かされ、仕事を頑張っているとき、その社員の内側では何が起きているのでしょうか。また、どんなことを感じているのでしょうか。

さらに、評価や報酬という形で結果に結びついたとき、もちろんそれに対する喜びはあるのでしょうが、他にはどんな気持ちがあるのでしょうか。そして、その先の自分をどう見ていくのでしょうか。

次は、この内側で起きていることについて考えてみましょう。

5　仕事意欲向上策〈2〉

何のために頑張っていたのか

先ほどの外発的動機づけについて考えてみると、報酬であれ評価であれ、それを1つの目標として頑張っていきます。その目標に向かって何とか達成すべく行動をしていくわけです。その行動には、自発的な行動があり、自分なりの工夫があり、また途中で苦労もあり、様々な能力を駆使して到達を目指していくわけです。

到達できたとき、どんな気持ちでしょうか。報酬を手にした喜びだけでなく、何か感じることはありませんか？

そう、いわゆる「達成感」と呼ばれているものです。ほかには、

・充実感
・満足感
・成長感

などもあるでしょう。

大学生の就職支援を担当していますと、「どんな仕事がしたいのか」という質問に対し、「達成感」

を挙げる学生が非常に多くいます。基本給が高いことや福利厚生が充実していることなどを希望として挙げながらも、実際に「どんな仕事がしたいのか」という質問には、「達成感」を挙げるわけです。

実は、外発的動機づけがなくても、この「達成感」を目標に頑張ることができる人もいます。これは、「やりがいを感じる仕事」であるという認識が自分の動機になっているからです。

ですが、企業の営利活動となると、報酬はありきですよね。報酬が約束できないのに、「やりがい」だけを強制するという考え方は、よろしくないのかなと思います（近頃、「やりがい搾取」という造語もあるようです）。

内発的動機づけ

さて、この頑張っているとき、また頑張り切った後に、自分の内側に存在するものを内発的動機づけと呼びます。仕事に携わることで得ていくプラスの感情ともいえるでしょうか。

もちろん、プラスの感情だけでなく、うまくいかないときの苦労や焦り、悩み、葛藤などのマイナス感情もあります。ですが、最後にそれを上回るだけの大きな喜びがあれば、また頑張ろうと思えるわけです。

「やる気スイッチ」のところでもお話したように、「行動する」ということがやる気を呼びます。その行動に対し、充実感を得ていれば、さらなる行動を呼び起こすことが可能なわけです。

達成感・充実感・満足感・やりがいなど、よくある言葉で表現はしていますが、1人ひとり何を感じるのかは違いがあるでしょう。それでも、その仕事に携わっているときに内側にある自分の感情というのは、かけがえのないものです。それを自分自身のエネルギー源として行動が起こせるのであれば、素晴らしいことだと思います。

私自身の話をすると、この内発的動機づけは強いほうだと感じています。達成感や充実感という言葉で表すこともできます。ですが、一番しっくりくる言葉としては、「感動」でしょうか。人の成長に関わる仕事をしております。その関わりの中で、感動をいただく場面が多々あります。この感動を、さらに共有できたとき、またとない喜びがあります。この感動や喜びを源泉として、日々の仕事に向き合っているのです。

目標管理制度

一時期、この目標管理制度というものが流行ったように記憶しています。様々なやり方、考え方、捉え方というのが企業ごとにあり、どのように運用されていたのかは差があると思います。ですが、内発的動機づけに関して言えば、この目標管理制度を社員の意欲向上に活用できるのではないかと感じます。

前段では、外発的動機づけに関して、評価制度のお話をさせていただきました。それに対して、内発的動機づけは、目標管理制度がよいのではないかという位置づけです。

外発的動機づけでも書きましたが、強制されると自発性は低くなります。そして、自分自身の価値観や人生の上での目標などと一致している場合は、自発性が高まった動機づけとなり得ます。これは、内発的動機づけでの目標管理においても有効であると考えられます。自己統制を通じての目標による管理というのは、個人の意欲を高め、自発的な行動へと発展するでしょう。

ただし、効果的に運用できているのかというと、そうでもないという印象です。「目標」をどのように考え、設定していくかというところに、個々のスキルや能力に合わせた自発的設定を求めていく必要があると思います。

高過ぎる(大き過ぎる)目標は、途中で挫折する可能性があります。ですが、低過ぎる(小さ過ぎる)目標は、意欲を削ぐ可能性があります。社員1人ひとりに合った目標の立て方についても、教育していくことが可能であり、一律やひとくくりでない柔軟な対応ができると、社員の意欲向上や成長に役立つのではないでしょうか。

どちらも大切で欠かせないもの

外発的動機づけ、内発的動機づけ、どちらがよくてどちらが悪いというものではありません。どちらも動機づけには欠かせないものであり、偏りがない状態がよいと思います。

やはり、人は、頑張る上でのご褒美が欲しいものです。まずはこのご褒美をキッカケにしていくという考え方がスムーズではないでしょうか。

そして、そのご褒美を手にしたとき、プロセスを振り返り、自己の内側を見つめ、やる気の源泉に気づいていくことができれば、両方を実感できるのではないかと思います。さらに、このプロセスをきちんと見える化しておくことと、そのプロセスを会社が評価するということも重要であると考えられます。

教育という位置づけで言うと、外発的動機づけで動いた社員の結果や成果が見えた後、振返りとフォローアップ、再目標などにつなげていく機会を持つことが、内発的動機づけの明確化につながります。一連の流れとして、どちらも意識した教育機会を持てれば効果的と言えるでしょう。

6　職務拡大と職務充実

「それしかできない・それしかやりたくない」

自分が携わっている業務にこだわりを持ち、一生懸命に取り組むことはとても素晴らしいことだと思います。この業務であれば、誰にも負けないという自負があり、いわゆるプロフェッショナルとして日々を過ごす、素敵なことです。

ですが、「それしかできないから」という後ろ向きの考え方や、「それしかやりたくない」という頑なな考え方というのは、成長を止めてしまうことにもなりかねません。また、他の仕事をするなら辞めるという極端な考え方の方もいらっしゃいます。

実際に、私が対応し、就職をした学生の中に、この考え方で退職をしたケースがありました。技術職としての応募をし、もちろん採用試験も技術職枠で受験しています。内定をいただき、就職をしました。そして、初めての配属先は、当然ですが技術職でした。ですが、その企業での技術職というのは、「開発」と「運用管理」に分かれており、「開発」希望だった学生は「運用管理」に配属されました。人事面談等のタイミングで異動を自ら願い出ていましたが、叶うことはなく、とうとう退職するという結果になりました。

本人としては、その仕事がやりたいという気持ちでその企業を受験し採用されました。その仕事しか目に入っておらず、別の仕事に配属されることなど夢にも思わなかったのかもしれません。ですが、面接時に「他の部署に配属されたらどうしますか？」などの質問を受ける学生はたくさんおります。面接時は、内定獲得に向けて否定的な意見は言いませんので、「頑張ります」というニュアンスのことを答えます。この学生もそうでした。それでも、いざ配属されると、「こんなはずではなかった」という思いにとらわれてしまうのでしょう。

必ずしも、それで退職することを「ダメ」だと言っているわけではありません。ですが、ひょっとしたら成長の機会を自ら放棄した可能性もあり、勿体なかったのかもしれないとも思うわけです。

「これしかやらせてもらえない・これだけでいいのか」

またほかにも、自分が担当している業務に慣れることからモチベーションが上がらないというケースもあるでしょう。いつも同じことをしているので、専門性は高まっていきます。スピード感や正確性なども成長していくことができるでしょう。

ですが、「自分はこれしかやらない」という事実に対して、疑問であるとか否定的な感情があれば、「このままでいいのだろうか」と考えることもあるでしょう。成長感や自己実現ということを意識的に与え、促す機会を持っていくことが、「辞めずに続ける」ことにつながりやすいと思います。

職務拡大

職務拡大とは、それまで担当していた仕事に加えて新たな仕事を任せ、仕事の幅を広げることになります。飽きさせずにたくさんの仕事を覚えているという実感を強くしていくことができ、それによりやる気を出していくことができます。これは、仕事に対するマンネリ感を防ぎ、モチベーションアップや人材育成という意味で非常に重要な考え方です。ほかにも、視野を広げることや経験のある自分の仕事を客観視できるようになることなどが効果としてあります。

また、職務を変更せずに、転勤だけを行うことで、今までやってきた仕事に少しだけ幅を持たせることが可能になり、成長のよい機会となります。

自分自身の仕事に対するスキル・レベル感というものが、水平方向へ広がるというイメージです。

職務充実

職務充実とは、今までの仕事に少しずつ責任や権限・裁量などレベルの高い仕事を任せていくことで、仕事の質を高め、達成感を得る機会を増やすことが可能になります。

少し高い位置から今までの仕事を見ることができますので、新たな気づき、改めて知ることなどもあるでしょう。さらに、他の仕事との関係を知る機会にもなり、自分の仕事に対する意味づけや意義も理解できると考えられます。これは垂直方向へ広がるというイメージであり、実は動機づけ要因を豊富にしていく機会となります。

「これができる・これもできる」

ある企業では、「職員事務分掌表」というものが存在します。年度替りに人事異動が行われる関係により、担当職員に変更があるからです。その年度の職員全員による、職員事務分掌が割り振られます。

複数年、その職場にいる人にとっては、自分自身の事務分掌が変化していきます。その際、新入社員が入社した後、1年目、2年目と担当分掌が増えていきます。少しずつできることを増やしていくことにより、「1年目はこれができた。2年目はこれができるようになる」ということで成長感を持たせることを意識できます。大切な人材育成の視点です。

「これしか」ではなく、「これが」、そして「これも」という表現にしていくことで、後ろ向きの感情を減少させることにつながり、「だから辞める」という結論になりにくくすることもできるのではないでしょうか。

会社内で自然に行われていること

この職務拡大・職務充実というのは、会社内ではごく自然に行われていることだと思います。自然にというより、無意識にという言い方のほうが合っているでしょうか。職務拡大というのは量的な拡大、職務充実というのは質的な拡大と考えるとわかりやすいかもしれませんね。

自然に、無意識に行っていくよりも、実は計画的になされたほうが、社員の教育という面では効果的であると考えられます。実際には、社員個人によって、どちらが向いているのかということを判断する必要があります。水平方向に拡大していくことが社員にとっての成長に役立つのか、垂直方向に充実していくことがこの社員には向いているのか、個々人によって違いがあるでしょう。

きっちりとした計画は難しいかもしれませんが、少なくても、個人を見て適切に職務拡大・職務充実を図ることができれば、より成長の機会となり、前向きに仕事に取り組む気持ちを育めるのではないでしょうか。私自身も、自分の今の仕事に広がりや厚み、深まりが持てることは、自己実現として喜びになると実感しています。

7　期待がやる気を促す

ワクワクするって大切

社員は、自分が携わっている仕事について、どんな気持ちで向き合っているのでしょうか。仕事そのものを楽しいと感じている社員もいれば、イヤイヤやっているという社員もいるでしょう。仕事に対する価値観というのは人それぞれで、何に価値を置くのかは個人差があります。仕事というのは、とにかく生活のために稼ぐ手段であるという人もいれば、達成感ややりがいを得られることを重視する人もいます。どちらも大切です。外発的であれ内発的であれ、偏りのない状態がよいと考えられます。

どちらにせよ、どこかに「楽しみ」という気持ちを持てているといいのかなと思います。得られる報酬に「楽しみ」を見出すもよし、結果的に気分が上昇することを「楽しみ」にするもよし、ということです。つまり、自分の仕事に対して「ワクワク」することが大切だと思います。ワクワクし、テンションが上がるような状況について、「期待する」という言葉で考えてみましょう。

「できそう」なのか「無理」なのか

自分が取り組む仕事について、「できそう」だと感じるか、それとも「無理だ」と感じるかがポイントになります。

例えば、一般の人が「100メートルを9秒台で走れるか」と考えた場合、普通は「無理だ」と思いますよね。これは、「期待0」になります。ですが、陸上の選手に「10秒台前半で走れるか」と考えてもらったら、「できるかも」という「期待感」が生まれるかもしれません。

これは、私たちが学生の頃から意識せずに体感していることだったと思います。「今度の中間テストで、数学80点以上を目指す」と考えたときに、「できそう」と思うか、「無理だ」と思うか。どんな場面においても「できそう」なのか「無理」なのか、無意識に判断しているのだと思います。重要なのは、なぜ「無理」なのか、何が原因で「できない」のかということをあまり深くは考えていないかもしれないということです。

子どもがテストを受ける前に、「今度の数学、80点取れそう？」と聞くと、「無理」という答えが返ってきます。「なぜそう思うの？」と聞くと、「勉強していないから」、「やってもわからないから」など、漠然とした答だけしか出てきません。もう少しこの内容を深く考えて、どこに原因があるのかがわかると、解決手段は出てきますよね。それがわかると、「できるかもしれない」に変わる可能性があります。

「無理だ」と考えてしまう理由や原因について分析してみることができると、「できそう」に変わるかもしれない、そう、「期待感」が生まれるかもしれません。

結果に「価値」はあるのだろうか

せっかく「できそう」だと思って頑張ろうとやる気になったとして、その結果に「価値」がなかったらどうでしょう。やる気がしぼんだり、なくなったりしませんか？　今までの話でいうと、頑張ったらご褒美がほしいものだということでしたよね。ただ、そのご褒美が何かということは、人それぞれです。

期待感がやる気を促すことにはつながりますが、実はその結果として得られるものに価値が感じられなければ、やる気そのものが失われてしまうことにもなるわけです。これは、人が無意識にやっていることで、知らず知らずのうちに行っている「計算」なのです。

【図表3　「行動」の方程式】

行動 ＝ 期待 × 価値

「計算」ならば「方程式」がある

この期待感と価値に対して、実はあてはめる方程式があります（図表3参照）。

行動をすることそのものがやる気スイッチになるということを書きました。この行動につなげていくには、期待感とその価値が重要で、掛け算であるということが大きなポイントとなります。

掛け算ですから、どちらかが0であると、行動も0になってしまうということですね。「無理だ」と思っていると、どんなに価値があろうともなかなかスイッチは入りません。また、「できそう」だと思っていても、価値が見出せなければ、やはりスイッチは入らないのです。

価値は、自分自身の中にある基準を使うことができますので、0にはなりにくいかもしれません。もちろん、報酬として給与や賞与といった自分1人では決め

【図表４　「やる気の大きさ」の方程式】

られないものであれば、期待どおりの価値になるかは不明ですが…。

その分、「できそう」と思うか、「無理だ」と思うかは、自分次第ということになります。「無理だ」と思ってしまう原因や理由を洗い出し、何かしらの手を考えることで0から1にすることは可能です。

このやる気スイッチを入れるコツを方程式の中に見出し、効果的な行動へとつなげていくことができるといいですね。

今までの自分とこれからの自分を考える機会となる「方程式」

図４の方程式を見てください。

行動を「やる気の大きさ」としています。

達成期待度とは、「できそう」と感じる度合いです。これは、今までの自分を振り返ることで明らかになることも多くなります。様々な経験から、できるようになったことや、積み重ねてきたことがあれば、きっと「できそう」という度合いを上げていくことができるでしょう。

誘因の魅力とは、結果、得られるものに対してどれだけの魅力があるのかということになります。例えば、給与が高いことであるとか、お客様が喜んでくれることであるとか、自分にとっての価値が充実することとなります。

そして、欲求の強さとは、自分自身の価値観であるとか、働く上での大きな目標などを表します。つまり、行動を起こすことが、これからの自分をどう変えていくのかを考える機会にもなります。これも掛け算です。どこかが低ければやる気は高まりません。もちろん、0であれば、やる気も0となります。前段でもお話したように、なぜ0なのか、原因や理由をしっかりと分析していくことが、やる気を大きくしていくポイントになるでしょう。そして、働く価値観を見出していくことが大切になると思います。

8　取組み方を教育するには

実は肝心なのはマインド

社内教育をする場合、どんな目的で何を教育しているのでしょうか。一番最初に実施しているのは、新入社員研修ではないかと思います。そこでは、社員間のチームワークであるとか、ビジネスマナー、企業の業務内容に対する理解などが主なものだと思われます。また、職種ごとに行われる研修やOJTといった形で教育をし、それぞれの部署へと配属されていきます。もちろん、配属されてからOJTという会社もあるでしょう。

また、その後、職種や年次に合わせてさらなる知識やスキルを身につけるための教育が行われていくと思います。

働くということは、覚えなければならないことや身につけることが非常に多く、少しずつ積み重ねていく必要があります。社内教育であれ社外教育であれ、会社の生産性向上や効率化を目的とし、「よい人材」へと育っていくために実施されています。当然、成果を出せる人材を育てるわけですし、また、それを継続的にという視点で実施されているはずです。

しかしながら、この継続的にという部分で、残念にも辞めてしまう社員もいるわけです。第1章でお伝えしたように、社員が辞めるということには様々な理由や事情、都合があり、教育だけでは引き止められないものもあります。ですが、まずは仕事に向き合っていくことのマインドから育ててみてはいかがでしょうか。

どれだけスキルの高い人材であっても、やる気が0であれば何1つ成し遂げられないことも考えられます。また、どれほどの報酬を準備したとしても、やりたくない・やれないと感じていることに対しては、腰が重くなってしまうこともあるでしょう。

「やる気スイッチ」をどうやって入れていくのかということも含め、第2章でお伝えしたことを教育の場で用いてみてはいかがでしょうか。

「できそう」を増やす

自分の「できそう」を増やすには、新しい知識を学習することや、スキルアップにつながる何かをしなければと考えてしまいがちです。ですが、まずは「今まで何をしていたのか」を洗い出していくことが有効です。やる気の方程式でも触れましたが、達成期待度には経験が重要です。入社から何を担当し、それがどれだけできるようになったのか、丁寧に洗い出す機会を持つとよいと思います。たとえ些細なことであっても、「できるようになった」ことは経験として積み上がります。そこから、「さらに何ができるようになるといいのか」というこれからの自分への目標を掲げていくことが前を向いていくために重要です。

さらに、その積上げの中で何を感じていたのか、今、何を思うのかという気持ちの部分も大切にしていきましょう。やはり、承認は欠かせません。大人になっても褒めてもらうことは嬉しいことです。その後、自分が携わっている仕事について、どこまで理解しているのかを考えていくこともいいと思います。初めは指示されたことに取り組むことで精一杯の新入社員です。どうしても視野が狭くなりがちです。自分の仕事はどのような意味を持っているのか、少し高いところから俯瞰できるようになると、仕事の意義を理解できるのではないでしょうか。

具体的にどうすればいいのか

課業分析という作業があります。自分の配属された部署は何をしているところなのか、思いつくままに書き出していきます。自分以外の社員が何を担当しているのか、それぞれの業務内容などを列挙していきます。そうすることで、それぞれの担当者の関係性や仕事そのものの大きな流れがわかり、自分がどこにいるのか、何を担っているのかを実感できます。

指示された作業の意味がわかり、重要度を実感し、自分の仕事に責任を持つという気持ちを醸成していくことに役立つのではないでしょうか。

また、社内教育の形で実施するときには、ぜひ他部署との交流もいいと思います。この課業分析をさらに広げ、部署間の関係性を知ることも、仕事を理解することに役立ちます。

「キャリア」の世界では、まず自己理解と仕事理解が重要であると考えます。自分は何ができるのか、何がしたいのか、何を目指すのか、何を大切にしていくのかということを大切にしていきます。これは、入社1年目であろうと、20年目であろうと同じことです。そして、向き合っている仕事を理解し、その周囲を理解していくことが欠かせません。

仕事は、1人ではできず、組織の中で周囲との関係性から成果を出していきます。自分を理解し、周囲を理解していくことで、前に進む方法を見出していくことが大切です。

そして、社員が気持ちよく前に進める配慮を会社が行っていくことが、社員を辞めさせないためには大切でしょう。

9　頑張る社員の実例

実際の若手社員は何を考えているのか

ある社員について、実例を紹介します。

(1) 大手設備サービス業・サービス部門技術者　２０１５年４月入社（６年目）

◆今の仕事で、何があなたにとっての「エネルギー源」ですか？

昨年12月に子どもが生まれ、家族ができたことが今のエネルギー源となっています。常に家族のことを考え、好きなものを買ってあげたい、食べさせてあげたいという気持ちで働いています。

◆自分が携わっている仕事の「面白さ」は何でしょうか？

設備のメンテナンス業務に携わっているので、故障した機器を直し、お客様から感謝されることが面白みだと思っています。また、今年から一技術者としてだけでなく、技術者をお客様のところに派遣するフロント職という立場になり、常にお客様とやり取りをしています。電話越しでお怒りの電話を取ることもありますが、現場に出ていた知識などを活かし、お客様にわかりやすく説明することで、納得していただけることもあります。そこも面白みの1つだと思っています。

◆やる気になれないとき、どのように対処していますか？

基本的にはありませんが、気持ちが沈んだときは、家族の写真を見てやる気を出すようにしています。あとは、自分のスケジュールを確認し、休める日には有給休暇を有効活用し、気持ちをリセットするようにしています。

●仕事そのものを動機としつつ、得られる報酬は家族のため

入社6年目の技術者ですが、しっかりと仕事の面白さを感じ、さらにエネルギー源を理解し、きちんと自分をコントロールしながら働いていることが伝わります。こういった実例を見ると、自分ができることと、会社側ができることの両立が重要だとわかります。

辞めないようにどうするのかと考えたとき、社員任せにするのではなく、会社側もどうすることがいいのかしっかりと考えていく必要がありますね。

⑵　大手設備サービス業・エネルギーマネジメント推進部　２０１６年４月入社（５年目）

◆今の仕事で、何があなたにとっての「エネルギー源」ですか？
周囲とのコミュニケーションが取れる飲み会です。

営業や技術者などと関わることが多く、お客様先に訪問したときや現場調整をした夜に、一緒に現場で仕事をしたメンバーたちと打上げのような飲み会を行うことで、次の仕事への活力になっています。この飲み会で、改めてメンバーとの一体感や達成感の共有ができ、大切な時間です。
◆自分が携わっている仕事の「面白さ」は何でしょうか？
空気環境診断などを使用した気流解析など、時代の先端部分に触れる作業や仕事ができることは面白さと言えます。また、上司や部下と協力して目標や仕事をやり切ったときに面白さを感じます。
◆やる気になれないとき、どのように対処していますか？
有給休暇が余ることがあるので、長期で休みを取り、気持ちを切り替えるようにしています。

●個人の喜びとチームの醸成に対する喜び

近頃の若手社員というのは、職場での飲み会を好まない傾向があると感じています。ですが、この社員は、それがエネルギー源なのですね。必ずしも皆がそうであるわけではありませんので、会社側としては強制しない、押しつけないことも大切でしょう。

また、やはり、仕事の面白さをしっかりと自分でわかっていることは、重要なのだと感じます。この社員も、やる気になるために有給休暇を有効に活用していることがわかります。よい気分転換を図ることで、次へのステップに進めるのでしょう。

さらに、コミュニケーションを大切にしていくことの重要性も感じられます。職場内での人間関係というのは、辞める理由の上位を占めることが多いと思います。立場には関係なく、スムーズな仕事のためのコミュニケーションというのは、作業効率や生産性向上に効果的であり、何より、社員が意欲的に仕事に向き合える環境として大切なのだと思います。

(3) 大手情報機器サービス業・カスタマーエンジニア職　２０１７年４月入社（４年目）

◆今の仕事で、何があなたにとっての「エネルギー源」ですか?

毎期、カスタマーエンジニアとしての評価がつけられ、同じランク（職能・職位のようなもの）の人たちと数字で比べられます。賞与や昇給・昇格に関わっているので、それは意識して仕事をしています。特に個人粗利は落とすと痛いところなので、数字には細かくなりました。エネルギー源としては、給与・評価ということになります。

◆自分が携わっている仕事の「面白さ」は何でしょうか?

サーバーやネットワークインフラ導入・構築に興味がある人にはいい環境だと思います。現在、テレワークを推奨している企業も多く、そういった場面に携わることも多くなってきており、社会で必要とされていることを担っていると実感しています。

◆やる気になれないとき、どのように対処していますか？

気軽に話せる先輩が多くいるので、その方たちに話を聞いてもらったり、愚痴ったり、また友達と会って元気を回復しています。

●好きな仕事で評価されること

この社員は、エネルギー源が外発的動機づけですね。もちろん、人によって違いはあるのでしょうが、ある程度の「競争」や「優劣」というのは、大きな動機づけに関わってくることがわかります。個人の気質として、「負けず嫌い」なところが長所として発揮されるパターンであるとも感じます。

この「競争」については、やはり向き・不向きがあり、それをプレッシャーやストレスとして受け止める社員であると、うまく能力が発揮できないケースもあるのではないかと感じました。

(4)　公的教育サービス機関・事務職　２０１６年４月入社（５年目）

◆今の仕事で、何があなたにとっての「エネルギー源」ですか？

自分が携わった仕事について、仕事の相手（お客様、上司、同僚など）から感謝の言葉をいただけることが、私のエネルギー源です。

◆自分が携わっている仕事の「面白さ」は何でしょうか？
多様な方々との交流を通じて、自身とは異なる視点での考え方や知見を広げることができることです。
◆やる気になれないとき、どのように対処していますか？
別の仕事を先にやるなどして、気持ちをリセットしています。また、疲れているときはやる気が出ないので、昼休みに仮眠をとり、頭をスッキリさせてから仕事に取り組みます。

●人との関わりの中に面白さと源泉がある

事務的な仕事であると、つい「裏方である」という気持ちになりがちかもしれません。それでも、エネルギーとなるものや面白さというのは自分次第で見つかるものだということがわかります。そして、やはりやる気には、気分転換やリセットが重要な役割を持っていることがわかりますね。

あなたの会社の若手社員はどうでしょう？

こうやって、活躍している若手社員に改めて話を聞いてみると、「外発的動機づけ」、「内発的動機づけ」、「人間関係・環境」の3つが影響していることがわかります（図表5参照）。ご褒美に向けて努力をし、その努力の過程や成果に精神的な満足を持ち、またその環境がよい状況で機能しているということなのでしょう。
社員が辞めないということもさることながら、イキイキと働いていくための重要なポイントであることがわかります。やはり、個人の動機づけに関わる部分を自分で理解し発揮できる教育機会が持てるように、会社としては実施していくべきだと考えられるでしょう。

もちろん、企業規模からくる若手社員の人数によっては、個々人への対応は大変ですし、難しいことも多いのかなと思います。ですが、「1人ひとりをしっかり見守っている」ことで救われる社員も多くいると思います。

とある企業の人事担当者の方は、マメに若手社員に電話やメールをし、状況を把握することに努めていらっしゃいます。全国に営業所があり、頻繁に会えるわけではないから、とのことでした。

若手社員のために何ができるのか、きちんと見守ることを通して安心を提供するということを重視されている姿がそこにありました。

意欲的に仕事に取り組んでもらうには、あなたの若手社員に対する意欲的な取組みが重要になるのではないでしょうか。

【図表５　「外発的動機づけ」「内発的動機づけ」「人間関係・環境」の影響】

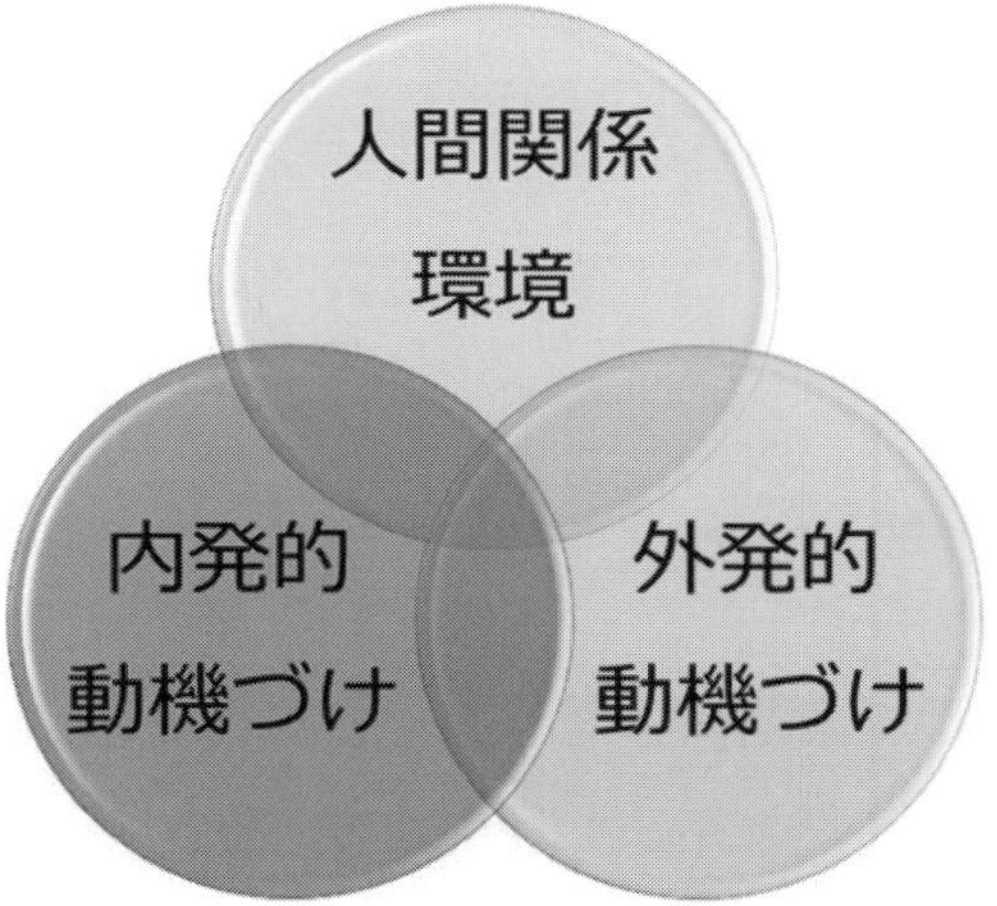

大学ＯＢと後輩学生との座談会より

８月、私が対応している大学の学生に向け、卒業生ＯＢとの座談会を開催しました。どんな会社で、どんな部署で、どんな仕事をしているのか、短い時間ではありましたが、説明をしてもらいました。もちろん、就職活動のアドバイスもお願いしました。

ＯＢは、２年目・４年目・５年目の先輩が来てくださり、リアルなお話をしてくれました。職種は同じでも、入社年次が違うと任されている仕事や、それに向き合う心がけや覚悟が違うということも知ることができました。

ＯＢのほとんどが、１年目は失敗も多く叱られてばかりだったと言っていました。それでも、それで辞めてしまうのではなく、目の前の仕事に真摯に向き合いながらスキルを上げ、周りの信頼を得ていくことの大切さを伝えてくれました。また、そうやって積み上げてきたことに対し、自信をもって後輩に語れる姿を見せてくれました。

実は１人だけ、すでに転職をしているＯＢもいました。本人にしてみれば、就職した会社が嫌だったわけではなく、たまたま独立をする先輩に声を掛けられたとのことでした。仕事における価値観は本当に人それぞれです。チャレンジングな転職について、非常に前向きに話してくれ、自分自身で勝ち取っていくことを大切にしていることがわかりました。

このように、どんな環境、人間関係の中で、何に動機づけられ、モチベーションを上げていくのか、個人を理解していくということが大切であると実感した日となりました。

第3章

壁にぶつかった際に乗り越えるマインドの育て方

1 「壁」をどう捉えるか

「壁」って何だろう

頑張っているのにうまくいかない…、そんな社員に気づいたことはありますか？　いわゆる「壁にぶつかる」という状況ですよね。また、それだけではなく、否応なく方向転換を余儀なくさせた場面などはありませんか？　例えば、異動や転勤、昇進などがあります。

「今までの自分ではいられない状態」というのでしょうか。次に進むために、何かをしなければいけないのでしょうが、「どうしたらいいのかわからない」というような状況をつくってはいませんか？　社員のことだけではなく、もちろん、皆さんにも当てはまることだと思います。

物事が割と順調に進んでいたように感じながらも、何かうまくいかなくなった、どうも進みにくい、行先変更になった、そんなときに、「壁」と表現しているように思います。

仕事ですと、自分の知識やスキルの不足から、うまくいかないときがあります。また、自分ではなく、相手の事情や都合によってうまくいかないときもあるでしょう。

その場合、皆さんはどうしますか？　何とかしようと頑張る人もいるでしょう。自分1人で頑張れなければ、他の人のサポートを受けながら何とか頑張っていく人もいます。また、投げ出してしまう人もあるでしょう。特に何も考えず、流されていく人もいるように思います。

では、社員はどうしているのでしょう。ちょっとした変化であっても、「壁」を感じたとき、今までとは違う向き合い方をする必要が出てくるのかなと思います。

ピンチはチャンス？

これは、よく言われていることです。では、本当にピンチはチャンスなのでしょうか。

私が仕事でパソコンインストラクターをしていたときです。様々な企業様で実施されているパソコン研修を請け負っておりました。その企業の社員に向けて行う集合教育です。その研修については、本当にいろいろな状況がありました。会場そのものもそうです。

例えば、黒板（当時は黒板も珍しくなかったのです）があるのか、ないのか。講師用のパソコンが用意されているのかどうか。プロジェクターが使用できるのかどうか。さらに、マニュアルやテキストは何を使用するのか。集まっている社員の年齢層や立場など、実に様々なことが企業ごとに違っていました。

その都度、今までの経験を駆使し、何とかやってきたわけですが、違いにぶつかる度に新しいスキルが身についていくことを実感しました。

そもそも、アプリケーションソフトそのものも独学で身につけていきました。今まで使ったこともないソフトを教えなければいけないということも多くありました。そんなときにも、「できません」と断るのではなく、果敢にチャレンジを続けていきました。思えばこの頃から、「できないことに気がつくことはスキルアップのチャンスである」ということを、身をもって体験してきたのだと思います。

そうすることで、依頼される仕事も増えましたし、研修先での評価も高く、毎年のようにリピートで呼んでいただけました。まさに私にとって「ピンチはチャンス」だったのです。

この考え方は、今でも自分の中に生きています。やったことのない仕事であっても、まずは引き受けます。「やっぱりできません」とは言えませんので（言いたくないだけですが）、全力で努力をします。そして、また新しい自分に出会うのです。

そう考えてみると、「壁」というのは、大きな成長の機会であると言えます。

自分を進化させていくもの

働いていると、いろいろな「壁」に遭遇します。小さなものでいえば、初めてのお客様先に出向くときの緊張であるとか、頼まれたExcelの関数がうまく入力できないときとか、いろいろあります。大きなものとしては、異動や転勤、昇進もそうですよね。

また、自分自身は順調に仕事をしていたとしても、環境が大きく変化することもあります。例えば、病気やケガ、引っ越しの機会、結婚や出産、親御さんの介護など、様々な場面で「壁」は存在しています。

特に意識することもなく、何気なく乗り越えていくこともあるでしょう。それは、今までの自分が経験したことの積重ねから、無意識に乗越え策が浮かぶときではないでしょうか。小さなものであれば、自身の培ってきたものだけで対応が可能です。ですが、「これは少し大きいぞ」とか、「今までよりも高い壁だな」と感じることもあります。そんなときでも、慌てず、焦らず、自分を進化させてくれるものだと考えていくことが大切です。

進化とは、進歩・変化のこと。進みながら変わっていくことです。自分自身が上司という立場だとすれば、部下の小さな「壁」を発見したとき、どのように対応するとよいのでしょうか。

「壁」を「転機」として捉えていこう

「転機」、すなわち「転ずる」「機会」と言えます。大切なのは、まず自分が今「転機」であるということを自覚することから始まります。今までに、いろいろな「壁」がある、小さなものも大きなものもということを書いてきました。その「壁」を「転機」とし、まずは受け入れていくことが大切です。そして、「転機」というのを大きく３つのタイプに分けてみましょう。

- 予測していた転機
- 予測していなかった転機
- 期待していたものが起こらなかった転機

です。

今、社員の目の前にある「壁」は、どの転機であるのか、そして、どのように「進化」できそうなのかということを分析し、乗り越えていくことが成長になると考えるとよいですね。

この転機について、４つの資源を点検していくことで、よりよい乗越え策を考えていくことができるとしています（Schlossberg.N.K.)。
※資源とは、自分の持ちもの、貯まっているものと解釈してください。点検とは、洗い出して確認していくというイメージです。
実際には、仕事上のことだけでなく、自身の環境（身の回りの出来事）にも転機は訪れます。人生の様々な場面で、避けることができないのが転機であるとも言えるでしょう。ですが、その時々で、「今は転機である」と自覚し、その都度、乗り越えていくための作戦を立てていくことができれば、常に進化し成長をしていく人生となるに違いありません。

後ほど、この４つの資源について、考えていきます。

2　自分にとっての大切なキーワード

働く上で何が大切なのか

壁に立ち向かう前に、自分自身、そして社員１人ひとりは、働く上で何が大切なのか、少し考えてみましょう。

第１章では、「辞める」という視点でいろいろなことを考えてみました。辞めたくなる理由や要因について、様々な角度から考えることで、社員は何がイヤだと辞めたいと感じるのか、どういう状況において辞める選択をすることになるのかということをお伝えしてきました。

第2章では、「やる気スイッチ」という考え方から、前向きになるポイントについて考えてみました。このときに、内発的動機づけと外発的動機づけについてお伝えしました。この、自分自身が働く上で何が大切なのかということについては、動機づけに近い考え方が有効だと思います。

動機づけの中では、評価や報酬といったところと、自分が充実するということ、両方が大切ですとお伝えしましたよね。どちらが欠けてもうまく動機づけはされません。偏らないほうがいいわけです。

もちろん、外発的動機づけに関しては、社員が思っただけではどうにもならないことが多く、会社がどのように用意しているのかということも重要なポイントです。「頑張ったら評価される、そして成果を出したら嬉しい気持ちになる」―この当たり前の考え方が動機づけです。

この動機づけ、すべてを並べてみたときに、あなたが一番大切にしていきたいことは何でしょうか。

仕事における2つの側面

仕事を「キャリア」という言葉で表すことが当たり前になってきました。今回も、「キャリア」という言葉で表現していきましょう。

キャリアにおいては、２つの側面があります。自分の内側が満足するかどうかということと、自分の外側が満足するかどうかということです。

外的キャリア

外側というのは、外から見えることだと考えてみてください。これを、「外的キャリア」と呼びます。職業や、地位・肩書、資格や年収など、いわゆる、外から見えること、他の人から見えて、その人が何を「身につけているのか」わかることです。

この外的キャリアを大切にするとは、どういったことなのでしょうか。地位や肩書で考えてみるとわかりやすいかもしれませんね。第1章では、昇進も辞めるポイントとなり得るということを書きましたが、昇進することを大切にしている社員もいます。昇進というのは、自分自身の頑張りが評価されたことにほかなりません。であるならば、そういう立場になることを目指して頑張る社員がいてもおかしくないわけです。また、その地位・肩書であることを誇りに思い、プライドをお持ちであるという社員や管理職の方もいらっしゃいます。

資格も重要ですよね。学ぶことで資格を得るというのは、働きながらであれば大変なことです。その大変な学びを経て資格を獲得するわけですから、自分への大きな自信にもなります。もちろん、報奨金や毎月の手当てを目標に頑張って勉強している社員も多くいるでしょう。

仕事とは少し違うかもしれませんが、学歴なども外的キャリアに当たるかもしれませんね。何を学ぶかではなく、どこで学ぶかを大切にしているということになるでしょう。

内的キャリア

では、自分の内側が満足するということを考えてみましょう。これは、内発的動機づけと同じように、仕事に対する充実感や達成感、やりがいといったところになるでしょう。

ただ、自分自身の内的キャリアを明確にしておこうと考えるのであれば、充実感ややりがいという言葉は、少し漠然としているかもしれません。

第２章の９で、働く若手社員の実例を書かせていただきました。そこに書かれていることが、内的キャリアに近いと思います。仕事上のどんなところに面白さを感じているのか。また、何を成し遂げたいと考えているのか。

学生の就職支援を担当していますと、「やりがいのある仕事に就きたい」と言われます。では、何があなたにとってのやりがいなのでしょうか。

以前、私の教え子が、卒業後、こんな話をしてくれました。

「ぼくは、ＳＥという仕事に憧れて、ＩＴ業界へ就職しました。実際にプロジェクトのメンバーとして仕事を任せてもらえるようになったとき、言葉だけではない、ＳＥとしての仕事がこんなにも喜びをもたらすものだとは思いもしませんでした。１つのプロジェクトが完結したとき、もちろん、ここでは達成感や充実感はあります。ですが、プロジェクトを完結するために、メンバーと何度も話し合い、意見がまとまらずに険悪になったこともあり、それでも、後半になると阿吽の呼吸が感じられるようになり…。あの〝あ、あいつも同じことを考えていたな〟という感覚。あの瞬間、この仕事をしていてよかったと思いました。メンバーとの一体感が何よりもぼくのやりがいなのです」。

比べるものではなく、またどちらがよいとか悪いではない

外的キャリアと内的キャリア。少しわかっていただけましたか？　自分自身が働く上で、何を大切にしているのか、どんなことを優先して働いていきたいと考えているのか。それを知っておくことは、今後の「キャリア形成」にはとても有効だと思います。

とはいえ、そう簡単には気がつかないかもしれません。それでも、日々の仕事に全力で向き合ううちに、きっといつか、社員も、皆さんも、自分にとっての大切なキーワードが見つかるのではないでしょうか。

3　転機を乗り越える〈1〉

今の「状況（Situation）」を見極めよう

では、改めて「壁」を乗り越えるということについて考えてみましょう。ここからは、皆さんが社員の相談に乗っている、もしくは「壁」を乗り越えるための研修等でレクチャーしている立場と想像しながら読み進めてください。

転機であるという自覚をして、まず何をすべきかということですが、どんな状況に置かれているのでしょうか。それを落ち着いて分析してみることが効果的と考えられます。どんな場合でもそうなのでしょうが、問題や課題に立ち向かうときには、細かな分析が効果的なケースが多いように思います。

ただ漠然と、「困ったな」とつぶやいているだけでは、状況は変化しません。何が困ったのか、なぜ困ったのか、しっかりと把握することで、対処方法を見つけやすくなると思います。

さて、この転機における、自分自身の「状況」をまず把握してもらいましょう。

原因

その転機は、どんな原因で訪れたのでしょうか。自分自身の知識やスキル、経験の不足から壁を感じてしまったということもあるでしょう。また、急な転勤や異動の内示を受けた、なんていうことも転機ですよね。

先ほどもお伝えしたように、予期していたことが起きたのか、予期していなかったことが起きたのか、また、期待していたのに起きなかったのかなど、様々な状況があるでしょう。

私が体験したことのある転機の原因としては、頑張って勉強したのにもかかわらず、資格試験に不合格だったというときがありました。これは、期待していたのに起きなかったという状況ですね。まずは、この原因についてしっかりと把握しておくといいでしょう。

重要度・重大性

その転機は、どの程度重要でしょうか。また、重大なことなのでしょうか。これがわかっていると、立ち向かうための心構えが変わってきます。

また、ここから、この状況がどのくらいの期間続きそうなのでしょうか。影響の持続性についても考えてみることで、重要度や重大性がわかってくるのかと思います。

自己コントロール

では、この転機を自らコントロールできそうでしょうか。どう考えていますか？　また、どのように受け止めているのでしょうか。それに対し、どのようにストレスがかかりそうですか？　この受止め感について、やはり肯定的に捉えているかどうかは大切です。否定的で、非常に落ち込んだ状況であると、なかなか自ら立ち向かっていくことが難しくなるかもしれません。

まず、立ち止まってみよう

焦ったり慌てたりすると、思いがけない行動になってしまうこともあります。まずは立ち止まり、落ち着いて状況を判断していきましょう。そして、立ち向かっていくための心構えや覚悟などを確認した上で、準備に入っていきましょう。

私自身、考えるよりも行動が先になってしまうタイプですので、この、まず立ち止まってということは苦手です。ですが、やはり重要だな、重大だなというときには、しっかりと考える時間を持つことが大切だと感じています。

4　転機を乗り越える〈2〉

「自己（Self）」を理解する

状況はわかりました。では、自分自身はどうでしょうか。この転機に立ち向かうのは、何と言っても社員自身です。その状況を乗り越えるだけの自分であるのかどうか、ここも見極める必要がありますので、まずは深く見つめてもらいましょう。

経験

今まで、転機に対してどのように対応してきましたか？　過去の経験は何よりも大きな自信となります。そのときの状況や対処について思い出してもらいましょう。どのように捉え、何を準備し、どんな行動をしたのか。１つひとつがすべて糧になっています。

そのときはどんな状況でしたか？　そのときの自分は？　何をして、どうなったのか。全く同じ壁などないかもしれませんが、自分がそれに立ち向かった経験値は生きてくるのだと思います。そのときにうまくいったことをまたブラッシュアップすることもできますし、そのときの選択がうまくいっていないのであれば、それは学びとして持てているはずです。

自信

この経験の洗出しが自分への大きな自信となり、変化への対応をする上でのモチベーションとなるでしょう。２章でもお伝えしたように、「やれそう」という思いは大きな動機づけとなります。

マインド

次に、この転機を乗り越えることの自分にとっての重要度を考えてもらいましょう。その重要度が、自身の今後における展望や目標にもつながるでしょう。なぜ自分にとって重要なのか、深く掘り下げてみることで、様々な気づきがあると思います。それが、自分自身の働く上での価値観（職業観や人生観）を知るきっかけにもなります。

さらに、ここで見つけた展望や目標というものが、この転機を乗り越えた先の指針にもなり得ると考えられます。実際に作戦を練るときの方向性に大いに役立つことでしょう。

前段でお伝えした内的キャリアについて、改めて気づくことができるかも知れません。何を大切にしていくのか、優先したいことは何か、それを明確にしていくことや再認識することが、自分の転機を乗り越えるマインドを確かなものにしてくれるでしょう。

内的資源

加えて、自分が何を持っているのかということも、対処を考えていく上で重要となるでしょう。今まで培ってきたことは、自分自身の積み上げてきたスキルや知識、遂行力として自分の資源なのです。何ができるのか、得意なことは何か、強みはどうか、何を発揮できそうなのか、そういったことを探索し、自分自身の資源として使っていきましょう。

キャリアの分野では、「自己理解」といった言葉で表現できますが、この「自己理解」というのは、就職活動でのみ有効なわけではなく、いつでも深めていくことが重要です。常に自己理解を深め、自分の引出しを増やしていくことや、その引出しの中を整理しておくことを怠らずにいると、転機への対処が効果的に進むと考えられます。

外的資源

自分の外側にある資源となります。外側ですので、周囲にあるものですね。「人」や「組織」が該当します。

この外的資源については、次の５で詳しくお伝えします。

5　転機を乗り越える〈3〉

「支援（Support）」を見つけ出す

状況と自己で自分自身の足元と内面を確認し明確にしてきました。しかし、乗越え策として、これだけでは十分ではありません。自分自身の周囲を見回していきましょう。視野を広く持ち、環境を確認していくことが大切になります。

支援には、いろいろな切り口があります。様々な環境から、具体的な支援を見つけていきましょう。また、相談先としても有効な場合がありますので、調べることが大切でしょう。

精神的支援

これは、やはりよい人間関係の中にあります。社内外を問わず支えとなってくれる人、励ましてくれる人たちは、信頼関係の中にあるといっても過言ではありません。

人によっては、「誰にも頼らず1人で何とかしよう」とする方もいらっしゃるでしょう。ですが、やはり転機を乗り越えるためには、誰かの支援は重要なものになります。

実質的な支援とは言えなくても、支えや励ましは、精神的に大きな助けです。弱音を吐いたり愚痴をこぼすのを聴いてくれる人の存在というのは、自分にとっては大きなものだと思います。

経済的・物質的支援

これも重要ですね。現在、新型コロナウイルスの影響で、様々なところが経済的なダメージを受けています。経済的にひっ迫する状況というのは、土台から崩れていきかねません。補助金や給付金といった経済的手立てというのは、とてもありがたい支援ではないでしょうか。

公的機関・民間団体の支援

１人では解決できないことであっても、こういった支援を見つけていくということは、とても大きな助けとなります。

例えば、親御さんの介護があり、仕事が続けられないかもしれないというときはどうでしょうか。地域のケアマネジャーの方であったり、福祉事務所であったり、こういったところに相談をすることは、専門家の助けをもらうことにつながります。

特に近頃では、様々な事情を抱えて「両立しながら働く」ということが多くなっています。がんセンターのようなところでは、治療と仕事の両立について相談をする窓口が用意されているケースもあります。こういった相談窓口は、大いに利用してもらいたいところです。

特に、自分自身の問題が壁になっているのではなく、家族や身近な方の事情により転機を余儀なくされているケースでは、非常に大きな意味を持つことと考えられます。

各自治体だけでなく、ＮＰＯなども活用しながら乗り越えてもらいたいところです。

情報を集めるということ

結局、支援に関して環境を確認していくことというのは、情報をどれだけ集めていけるかということにほかなりません。自分自身のネットワークだけでなく、そこからさらに照会先が広がるようなことがあれば、非常に心強いことでしょう。

今は、インターネットを用いることで、いろいろな情報を集めやすくなっています。もちろん、有効な情報だけではありませんので、取捨選択をすることも大切です。その場合、1人ではうまくいかないのであれば、やはり自身の人間関係が助けになるでしょう。

社内の制度を確認することも大切な環境活用です。会社としては、社員の転機でむざむざと辞めてしまわぬよう、日頃から制度を整えること、発信（周知）すること、そしてその制度を使えるように工夫しておくことも重要な役割ではないでしょうか。

6 転機を乗り越える〈4〉

「戦略（Strategy）」を練る

状況と自己、さらに支援先を考えていくことができました。この3つを揃えて、改めて自身の転機をどのように乗り越えていくのか、作戦会議を行っていきましょう。この作戦会議は、1人で行ってもいいですし、支援で見つかった相談相手と行ってみるのもいいでしょう。

どんなことができそうなのか、まずは何からやってみようかということを具体的に考えていくことで、乗り越えられない転機ではないと感じることができれば、より転機に向き合う意欲も上がることでしょう。

状況を変える

今の状況を変えることができれば、問題が解決することがあります。最初の状況の中で変えられるものがありそうか、確認してみることもいいでしょう。

影響が長く続きそうだと捉えたのであれば、短くする手立てというのも作戦になります。また、原因を明確にすることでよい作戦が生まれ、状況が変わることもあるでしょう。

考え方を変える

その転機に対する意味づけや捉え方を根本的に変えてみるというのもよい手だと思います。

転機は成長のチャンスとはいっても、やはり「壁に立ち向かう」のは辛い、シンドイ、という方もいらっしゃるでしょう。ですが、ひょっとしたら別の視点で見ることで、「壁」ではないことに気づくかもしれません。自分の思込みで壁だとばかり感じていたが、別にそうでもなかったということもあるかも知れません。

例えば、望まない異動の内示などがあった場合、自分としては今の仕事が好きだし、新しい部署の仕事は向いていないと考えていた場合、意外に今までのスキルが活かせるような場面があるかも知れません。「敵を知ること」で新しい発見があれば、考え方を変えることもできそうです。

ストレスを解消する

乗越え策を考える前に、まずストレスを解消する手立てというのも有効ではないでしょうか。いったん立ち止まり、今は壁に立ち向かうストレスを和らげていき、改めて向き合うエネルギーを補充するのもよい戦略です。

その際、自分に合ったストレス解消法というものが明確になっているといいと思います。自分の人間関係やネットワークの中にある信頼のおける人たちと過ごすことで心が軽くなり、また勇気がわいてくるかもしれませんね。

具体的な行動計画を練ってみる

状況と自己の入念な確認で、自分自身が実際に取り組めそうなことが見るかることも多くあります。そんなときには、具体的な計画をつくってみましょう。もちろん、絶対でなくても構いません。ある程度の目標を据え、そこに向かって何をしていけばいいのか、洗い出してみればいいのではないでしょうか。

目標は、随時変化してもいいですし、順番が入れ替わったり、できたり、できなかったりしながら、少しずつでも進んでいけばいいのではないでしょうか。

また、その少しずつでも進んでいることの積重ねが、乗り越えるための自信につながり、より意欲が増すのではないかと思います。

転機を自覚し４Ｓ点検

このように壁にぶつかったときには、自分は今、転機にあるのだということを自覚することが大切です。

そして、その転機に対し、４つのＳ（Situation,Self,Support,Strategy）を点検することで、その転機に応じた乗越え策が見つかるのではないでしょうか。

働くということは、大なり小なり転機の繰返しです。その都度、自分に合った乗越え策で進んでいくことができれば、大きな力となっていくでしょう。

そして、自分は１人ではないと感じられることも大切です。１人では小さな力にしかなりませんが、集まれば大きな力となり、壁の高さに負けない力になると信じましょう。

常日頃から、こういったことを自覚してもらえるようなかかわりや教育機会が、会社として取り組めることになると考えられます。

入社から２～３年が経ち、異動や転勤などの機会が訪れそうなタイミングで、この内容を研修としてお伝えしておくと活用できる社員も増えるのではないでしょうか。

7　自分でもできる！〈1〉

「自己効力感」とは何か

壁にぶつかったとき、まずはどんな気持ちになるのでしょうか。

「なにくそ！」と考える社員もいるでしょうし、「あーもうだめだ…」と自信を失ってしまう社員もいることでしょう。

負けん気を発揮し、前向きにトライできる社員ばかりではなく、諦めてしまう社員も多いのかなと思います。

今回は、この自信を失って諦めてしまう社員や必要以上に壁を高く感じてしまう社員に対して、どうしたら前を向いていけるのかということを伝えられるようなことを考えてもらいたいと思います。

「自分には無理だ」と感じてしまうと、動機づけは行われませんよね。「できそう」と感じることが重要です。

この、「自分にもできそうだ」と思えることを「自己効力感」と呼んでいます。つまり、どうすればこの「自己効力感」をアップしていくことができるのだろうということになりますね。

さぁ、この「自分にもできそうだ」とは、どういったときに生まれてくる感情なのでしょうか。

できなかったときはどうしていたのか？

今までの人生経験の中で、難しい問題や課題にぶつかったとき、皆さんはどうしていましたか？

皆さんは、仕事の中でいろいろな経験をされていると思います。ですが、若手社員の相談に乗るときには、学生時代にまで遡ってもらってもいいと思います。勉強だけではなく、部活動や習い事、アルバイト経験でも構いません。うまくいかない、失敗した、もう駄目だ…、そんなとき、どのように解決してきたのでしょうか。

この体験をしっかりと洗い出していきましょう。洗い出すときのコツとしては、５Ｗ１Ｈを使うとわかりやすいと思います。

・誰が（Who）
・いつ（When）
・どこで（Where）
・何を（What）
・なぜ（Why）
・どのように（How）

でしたね。

近頃は、「誰に（Whom）」「いくら（How much）」「いくつ（How many）」などを加えて、「５Ｗ２Ｈ」「６Ｗ３Ｈ」などの変化形もあるようです。

すべてを使う必要はありませんが、洗い出す際のヒントにはなるかと思いますし、自分自身の体験を振り返る際に、何をどこまで具体的にするのかの基準にしてみるといいのではないでしょうか。

新卒採用面接で聞かれているのはどうしてだろう

面白いもので、この「壁にぶつかったときにどうやって乗り越えたのか」というような、いわゆる挫折体験というものは、新卒採用面接で聞かれることが多いように感じています。貴社での採用面接では聞いているでしょうか？　それは、どんな意図があって聞かれているのでしょうか。

私が学生支援をしているときには、「仕事は順調に進むことばかりではなく、また、自分の今までの知識や経験では乗り越えられないことも多い。だからこそ、そんな経験があるのか、この学生はどのように乗り越える〝タイプ〟なのかをあらかじめ聞いておきたいのではないか」と説明をしています。

学生が採用面接を受けるときには、学生時代の学業においてうまくいかなかったときや、アルバイト経験、部活動・サークルでの経験を主に答えています。

何がうまくいかなかったのかということについては、千差万別ですね。試験の点数や資格試験、部活動やサークルでの試合経験や仲間とのチームワークなどが多くあるようです。

学生を見ていると、「自分なりの工夫や自分なりの努力」をしている人と、「まず誰かに相談し、1人では抱えない」人に分かれるようです。

自分で頑張る人は、いつもそうしているし、誰かに相談する人は、まずすぐに相談ということを思いつくようです。それはなぜなのでしょう。

前回こうしたから今回もそうしてみるという経験値に基づいた判断をしているからだと思います。それが、その人自身の「思考のクセ」のようなものだと思います（もちろん、悪いわけではありません）。

ここで言いたいのは、何かしらかの乗越え体験が今までにあるのであれば、それを活用しない手はないよねということなのです。

できたときもあるよね！

このように今までの経験を洗い出すことで、「できたときもある」と感じることが重要となります。自己効力感の低下、すなわち「無理だ」と感じてしまうことを、「できそう」に変換してくために、「できたときもある」という自己体験が、「次もできないわけじゃない」という気持ちに変えてくれるわけです。

人は、自分自身の体験からも学ぶことができます。もちろん、うまくいかなかったときや壁にぶつかったときのことばかりでなくても構いません。新しい仕事や、新しいメンバーなどの変化があったとき、こんなふうにやってみたらできたという成功体験が、「次もできそう」という動機づけに役立ち、また自己効力感の高まりに力を貸してくれるのです。

8　自分でもできる！〈2〉

ほかの人はどうしているのだろう？

　どんな壁なのか、いわゆる「転機」にもいろいろなものがあるということをお伝えしたのですが、今まで自分のことばかりを考えてきました。周りを見ること、自分の周辺環境を見渡してみることは非常に大切なのですが、同じような転機を体験しているほかの人は、どうしているのでしょうか？

　壁や転機というのは、人によって様々な状況が考えられますし、受取り方や捉え方は人それぞれです。ですが、異動・転勤・結婚・出産・介護など、キーワード的には同じというケースは多くあるのではないでしょうか。そんなとき、社内のほかの社員はどう乗り越えたのでしょうか。

　単純に、うまくいかない作業において、うまくやれている人はどうしてなのだろう？　ということもありますよね。

　ここ1～2か月、私自身が手づくりマスクにチャレンジしていて感じることです。近頃は、いろいろな動画がインターネット上でアップロードされています。このマスクづくりについても、動画を見たことがあります。私はさほど不器用ではないのですが、どうも雑な仕上がりになってしまう部分があり、上手な人ってどうしているのだろうという疑問がありました。

　そこで、動画を検索し、じっくりと見てみました。「なるほど、あらかじめしっかり押さえているね。

しかも待ち針ではなくクリップなのか」とか、「布を押さえる左手は、手前じゃなくて奥なのか！」とか、いろいろな気づきがありました。それからは、少し見栄えのよいマスクをつくることができ、マスクづくりが楽しくなりました。

やり方を真似することも大きな学習効果

単純なマスクづくりであっても、上手な人、うまくできている人の真似をすることは、自分にとって大きな学習効果をもたらしてくれるわけです。

本質を理解せずに真似だけしたって意味はないという意見もあるかもしれません。ですが、まず真似をして、そしてそれがうまくいったのなら、なぜこのやり方だとうまくいくのだろうと後づけで考えてもいいのではないでしょうか。そこで本質が理解できれば、真似した甲斐もありますよね。

真似と言えば、「物真似上手な人」がテレビにはよく出演しています。本当にそっくりで驚いてしまいます。そういった方たちのお話を伺っていると、歌の部分に当たる、声質、声の出し方、抑揚の取り方などの細かな部分までしっかり真似をされているのは当たり前として、表情や仕草、ちょっとした動きに至るまで、細かく観察されているとおっしゃいます。

この「観察」ということも、自分にとっての「学習」になるのだなあということがわかります。そして、この細かな「観察学習」を通して、きっと本質を理解していくことにつながるのだろうと思います。物真似の方は、お１人の１曲だけをじっくり観察することから、同じ歌手の別の曲、そして今度は違う方の曲と、レパートリーを広げていっているのですから…。やはり、本質を理解することで、経験値が広がったり、深まったりしているのだと思います。

「観察学習」という考え方

先ほど、「人は自分の経験から学ぶ」とお伝えしました。そしてさらに、「他者を観察することでも学ぶ」ことができるのだということもわかりましたね。

この観察対象の人を「ロールモデル」と呼びます。自分にとっての「ロールモデル」を見つけることは、自身が体験したことのないことであっても、「なるほど、あのようにすればいいのか」と学習することが可能です。またこれを、「代理体験」とも呼びます。自分の代わりに体験済の人、と考えるとわかりやすいですね。

例えば、「女性でリーダー職に抜擢された。自信がない。どうしたらいいのだろう」というときに、別の部署であったとしても、「女性リーダー」がいたら、どうでしょう。よいロールモデルになりますよね。あの女性は、この局面をどのように乗り切ったのか、どんなことが大変だったのか、あらかじめ教えてもらうことが可能です。

ロールモデルを効果的に活用することで、未体験のことを学習することが可能になり、「自分にもできそうだ」という気持ちにしていくこともできるでしょう。

そして、このロールモデルは、同一社内でなければならないという決まりはありません。自分自身のネットワーク、人間関係において、同じような経験をすでにしている人はいないか、探してみましょう。

　視野を広げることが、自分に合ったロールモデルを見つけることにつながるでしょう。

ロールモデルは「仕事」と関係のないところにいたっていい

　今回は、壁や転機を乗り越えるということをもとにしてお伝えしているのですが、それとは関係なく、自分自身の目標であるとか、単純に「こんな人になりたい」という憧れを抱く相手もいるかもしれません。そんな人についても、「ロールモデル」として考えていくことができるのではないでしょうか。

　その目標とする「ロールモデル」に少しでも近づけるよう、日々を努力していくことは大切です。野球を始めた小学生が、有名なプロ野球選手の名前を挙げて、「あのようになりたい」と思うことは、とても微笑ましく、また大切な心の師でもあると思います。

　その人と自分の違いは何であるのか、それを埋めるためにはどんな努力が必要であるのか、また、似た部分はどうか、そこを伸ばしていくにはどうすればいいのかなど、たくさんの学習が可能になります。

　社員1人ひとりが、「自分のロールモデルを探してみる」ということだけでも、教育機会としてよい時間になると思います。

9　自分でもできる！〈3〉

認めてもらえると頑張れる

自己効力感アップに向けて「学習する」という考え方をお伝えしてきました。自身の経験や他者の経験をもとに学習をしていくことで、「できそう」という動機づけにつながっていきます。

自分自身が「できそう」だと感じることはとても大切なことですが、それを誰かに支持してもらうことで、さらなる安心感が生まれる場合はありませんか？

やはり、誰かが認めてくれる、褒めてくれるというのは、嬉しいものです。「できそう」だと思ってはみたものの、大丈夫かな、できるかなと不安になることはあります。そんなときでも、誰かが「大丈夫」と言ってくれる、「できているよ」と認めてくれるというのは、また立ち向かう勇気をくれるものだと思います。

自己効力感をアップしていく、自分の「できそう」を確かなものにしていくことに対して、言葉でのアプローチというのは、とても効果的になります。これを、「言語的・社会的説得」と言います。

言葉の持つ不思議な力

実は、言葉には不思議な力があります。言葉を発すると、脳の中で情報がイメージを形づくります。そのイメージによって感情が生み出されるのです。そして、その感情が思考を生み出します。考えることよりも、まず言葉を発するということが効果的だということになります。

実際には、考えるより先に言ってしまうということ、ありませんか？　嬉しい出来事があると、「やったー」と言ってみたり、うまくいかないときに「ダメだー」とつい口走ってしまったり…。

そして、その発した言葉に沿ってイメージ化↓感情↓思考とつながっていきますので、否定的でネガティブな言葉を発するということは、考え方も否定的でネガティブなものになりがちです。できるだけ、肯定的でポジティブな言葉を発するようにしていくことで、考え方もそのように変化させることができます。

ここで効果的なことは、「自己暗示」ということになります。「私はできる」ということを、頭で思い浮かべるだけでなく、言葉を発していきましょう。これはよく聞くお話ではないでしょうか。「できる、できる」と自己暗示していくことで、力になることは多くありますよね。

自分の力を自分で信じてあげること

日常の口癖からポジティブな言葉を活用していくことで、自分自身の思考をマネジメントしていくことができそうです。そうすることで、行動も変化し、前に進むための「何か」を見つけていくことができるのではないでしょうか。

皆さん、夏休みの宿題はギリギリまでやらない派でしたか？　このギリギリになって宿題をやるという人は多いと思うのですが、そのとき、皆さんの頭の中にはどんな言葉が浮かんでいるのでしょうか。「まだ間に合う！」と思っていますか？　それとも、「もうだめだー」と思っていますか？

きっと、「まだ間に合う！」と発している人は、間に合うための努力を一生懸命やっていることと思います。そして、「もうだめだー」と発している人は、少しずつ宿題をする意欲をなくし、集中力を欠き、結果的にやはり間に合わなかったということになっていませんか？

このように、ポジティブで前向きな言葉が、行動への力を生み出してくれるのです。

壁や転機であれ、たとえ困難な出来事であれ、その物事を乗り越えていくだけの力が自分にはあると信じてあげることが、とても大切なのだと思います。

10　自分でもできる！〈4〉

不安感をどう減らしていくのか

実際には、壁や転機に立ち向かうとき、立ち向かえるだけの「心の準備」がまずあるのかどうかということも重要であると考えられます。「できそう」とは思えず、否定的な感情や心配、不安感、受け入れがたい思いが、まず頭を占めてしまうものですよね。

となると、今までお伝えしてきたことを実行する前に、社員の気持ちをまずはどうしていくのかということを考えておく必要がありそうです。

未経験のことに立ち向かうには、緊張感を伴います。また経験があったとしても、以前は失敗したというときには、やはり緊張しますし、またダメかも…という否定的な感情に支配されやすくなります。この緊張感、ドキドキしたり冷や汗をかいたりという身体的・生理的な変化も伴います。同じ場面に遭遇すると、やっぱりドキドキして冷や汗をかいて…と、同じ反応をしてしまうことでしょう。

そういった身体的・生理的な変化をどう受け止めていくのか、どう捉えるのかということも考えておくことが大切になります。

落ち着くことが大事とはいうけれど

「緊張するなって言われたって、緊張しちゃうよな」という経験はありませんか？　私はよくあります。学生支援をしていても、「面接試験で緊張してしまい、うまく話せません。どうしたら緊張しないでいられますか？」と聞かれます。そんな、緊張しないでいられる方法なんて、わかっていれば私がとっくにやっているわ！　と思うこともしばしばです。

落ち着き、緊張感を減らすための取組みというのは、いろいろことが紹介されています。

・自律訓練法
・呼吸法
・マインドフルネス

などが有名なところでしょうか。

それぞれの方法についてここでは触れませんが、一般的によく知られているものとしては、「深呼吸をするとよい」ということではないでしょうか。ゆっくり、深く呼吸することで、少しずつ落ち着いてくると言いますよね。吸うことよりも、吐くことに意識をおいてというポイントもあるようです。

深呼吸で落ち着くこととして、転機の4S点検でお伝えした、「立ち止まって足元を見る」ということにもつながるように感じています。

行動することが動機づけには大切ですが、立ち止まることも大切です。落ち着いて深く呼吸をし、ゆっくりと自分と向き合うことが、次の行動を効果的にしてくれるのです。

自分に合った「落ち着く方法」というのは、調べて実践してみるのもよいでしょう。

否定的な感情は誰かに聞いてもらうのもよい

1人では気持ちが上向かない、緊張や不安がとれないというときには、やはり誰かにその気持ちを聞いてもらうことも有効ではないでしょうか。

その場合、上司や先輩ですと、「励ます」ことを優先してしまいがちですので、実際に行動をする前には向いていない相談相手かも知れません。

特別なアドバイスや解決方法を教えてもらうのではなく、まず、否定的な感情を「ただ聴いてくれる」人を見つけるとよいでしょう。もちろん、人でなくても構いません。アドバイスせずだまって聴いてくれるのであれば、自宅のお風呂の壁でもよし、ぬいぐるみやペットでもよし、何でも構いません。目的は、「落ち着くこと」だからです。

過剰な不安に対処する、「やれそう」の前に、「やってみようか…」に気持ちを変化していく、そんな自己効力感をアップするための方策として、「心の準備」ともいうべき部分（「情動的喚起」と呼びます）についても重要になります。

自己効力感を上げていく方法についてのまとめ

これまで、自己効力感をアップするということについて、

①　できたときもある、成功体験
②　できている人もいる、代理体験（ロールモデル）
③　言葉を活用していく、言語的・社会的説得
④　不安を減らして落ち着く、情動的喚起

の４つを説明してきました。

これらは、順番どおりでなくても構いません。まず、自分がどこから手をつけられるのか、見極めながら活用していくことができます。人によって違うものです。また、相談を持ち掛けてきた社員は、どこからであれば考えていけそうなのか見てあげましょう。

社内教育として用いていくには、①と②を実施することができるでしょう。

採用面接では、「5年後の自分はどうなっていたいのか」などを質問する企業が多いと思います。まだその会社で働き始める前から、自分の5年後などは想像しにくいものです。ですが、実際に働き始めた社員にとって、自分の5年がどうなのか考えやすくなります。②については、まさにあなたの理想とする5年後に値する人は社内にいるのでしょうか、ということにもつながります。

仕事に対して前向きに取り組むこと、壁にぶつかっても乗り越えていく力をつけてもらうこと、そんなときに、「自分はできる」と思える人材に育てていくことが、とても大切であると思います。そして、できるようになったときの未来の姿が、モデルとして社内にいると、より継続的な仕事に向き合えそうに感じます。

もちろん、ご自身に置き換えて考えてみてもよいでしょう。本書を読まれている方のすべてが、自己効力感の高い状態を維持して仕事をされているとは限りません。ひょっとしたら、若手社員の定着率を考え、自己効力感が低下されている方もいるかも知れません。

皆さんにとっての成功体験は、どのようなことがありましたか？　また、ロールモデルはいらっしゃいますか？　自分自身の職務を棚卸するなどして、「できていることもある」という実感をぜひ得ていただきたいと思います。それこそ、異動等で今の職務に就いていらっしゃる方もいるでしょう。異動前の部署で得た体験であっても、使い道はあるものです。本書を通して、若手社員に限らず、中堅やベテランの方の自己効力感が高まることができたらいいですね。

第4章　職場リーダーとして部下や後輩を育てるマインドの育て方

1　リーダーに期待される役割

リーダーの立ち位置

ここでは、「リーダーを育てる方法」でも、「リーダーが部下や後輩を育てる方法」でもなく、「リーダーを担う社員のマインドを育てる」という視点で考えていきます。

会社での担当業務におけるリーダーというのは、会社の中でどの位置に立っているのでしょうか。仕事において、自分自身の立ち位置によって、見えているものが変わってきます。今の自分の立ち位置を知るということは、非常に重要なことです。

会社組織というのは、基本的にはピラミッド構造をしていますよね。トップが頂点にいる形です。形はピラミッドですが、いわゆる「階層構造」になっています。トップ・経営層・管理層・現場、という状況です（かなりざっくりとした分類をしています）。

ここでリーダーとは、管理層と現場を繋ぐ位置にいるのではないでしょうか。もちろん、会社によっては、繋ぐというよりも、現場の一番上にいるという解釈もできると思います。どちらにしても、その位置であるからこそすべきこと、すべきであると期待されていることがあります。

さらに、細かな階級や階層、職位などが存在する企業はありますので、まずは現場のトップ、チームのトップというイメージでリーダーを考えていきたいと思います。

【図表６　１管理者の下に大勢の現場職がいた場合】

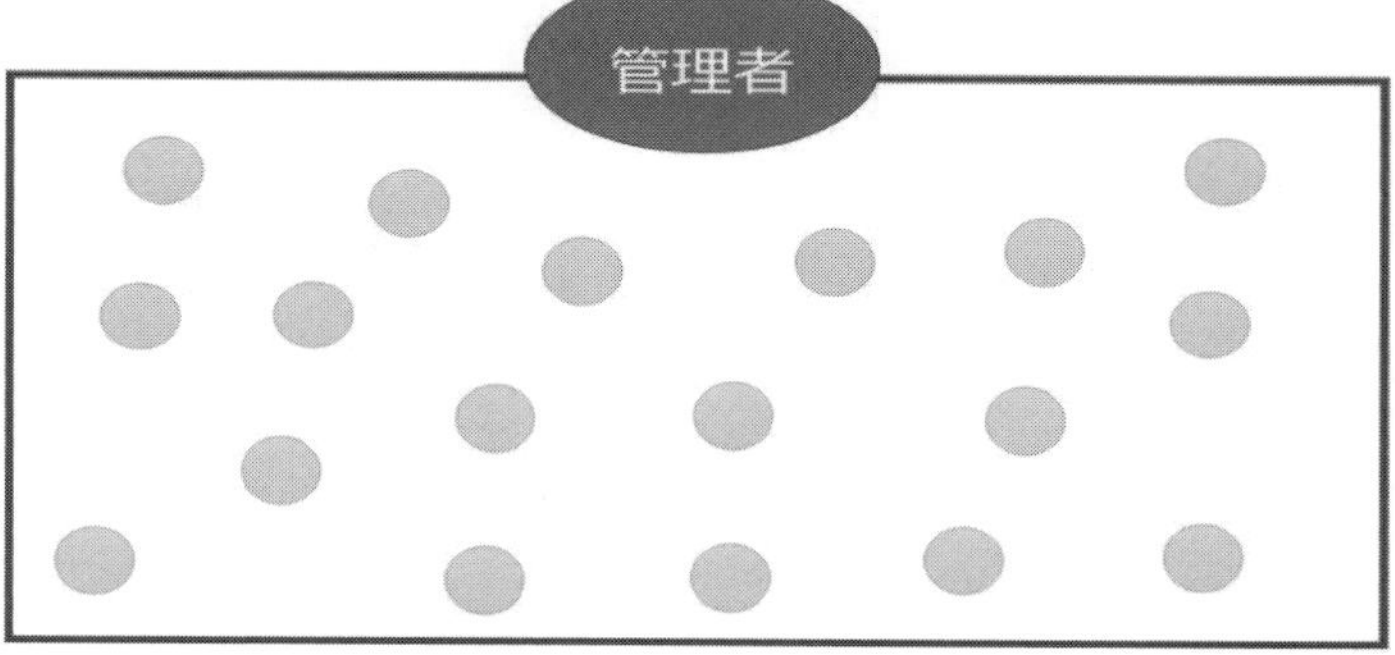

現場というのは、自分の足元や周囲、そして上を見て仕事を進めていきます。ですが、１つでも上に上がることで、下を見る必要が出てくるのです。上も見るし、下も見る。この立ち位置の理解がまずはスタートとなります。

その位置で何をしてもらいたいと会社は考えているのか

図表６のように、1管理者の下に大勢の現場職がいた場合、人数が多ければ多いほど統制がとりにくくなります。

会社で仕事を行う場合、もちろん、個々の目標というのは大切ですが、会社としての目標、部署としての目標というものも存在し、それに対して全員が同じ方向を向くことが望まれます。

ですが、この状況ですと、揃って一緒にということが非効率になってしまいます。

では、図表7のように並んでみるとどうでしょうか。図表6よりも、統制がとれそうに見えますよね。

指揮命令の到達という意味合いでも効率化は図れそうです

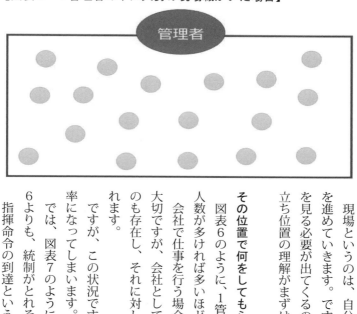

【図表７　１管理者の下にリーダーがいて現場職をまとめている場合】

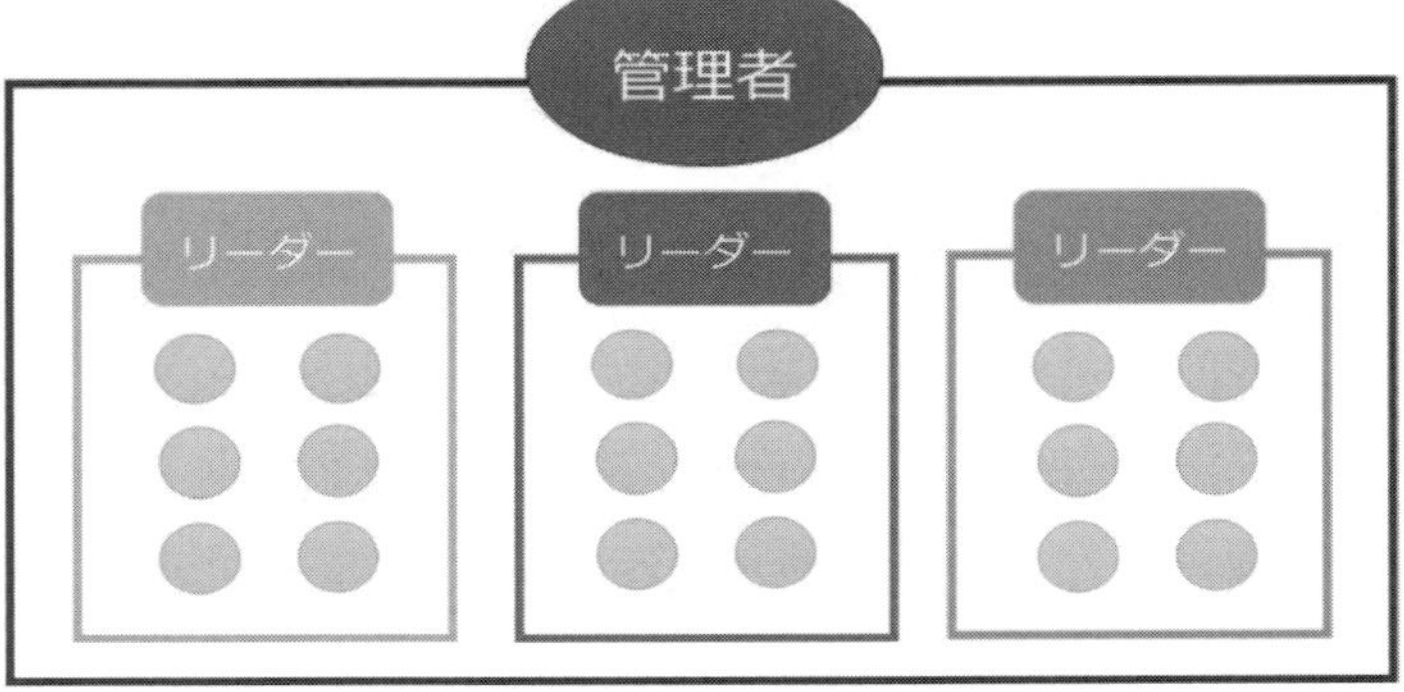

し、同じ方向を向きやすいように感じます。

さらに、管理職から現場を見る場合、逆に現場から管理職を見る場合、距離が感じられます。この距離を埋めていく、「ワンクッション置く」ような感じでしょうか。そういった役割、立ち位置ということも考えられますね。

リーダーとして機能する

そう考えると、上位階層の指示命令や方針について、現場に伝えるという大きな役割を持っています。ですが、管理職と現場は距離が遠いということを考えると、それに対する現場の意見やメンバーの思い・考え方を上位階層に伝えるという難しい役割も担うわけです。

どちらにしても、単純な伝言係ではありません。上司からの指示命令や方針を社員自身がしっかりと理解することがまずは大切です。これには、上司とのコミュニケーションが欠かせません。

さらに、理解したことを、メンバーに対して理解・納得ができるように伝えていく必要があります。これが、リーダーとして機能している状態となります。

クッションというシンプルな立ち位置ではありますが、今までの「現場メンバー」であった立ち位置から考えると、重く大きな責任を負うというイメージになるかと思います。

ここで、「私には無理だから断りたい、辞めたい」という、第1章の5のような気持ちになっていく、ということですね。

もちろん、この立場を前向きに担う社員もいます。どちらにしても、リーダーとしての役割を担ってもらいたいとなった場合、どのようにそのマインドを育てていけばいいのか、考えていきましょう。

2　リーダーシップとは

様々なリーダーシップ論

世の中には、様々なリーダーシップ論があります。有名な大手通販サイトを用い「リーダーシップ」で検索しますと、８０００冊以上の書籍があることがわかります。会社で働く方々というのは、そんなにも「リーダーシップ」を知りたいと考えているのでしょうか。

リーダーシップとは、時代によって大きな変化をしています。

もともとは、その人の持つ特性が大切であるとしており、いわゆる「リーダーとして生まれてくる」

ようなイメージで語られていました。その後、「リーダーになるために努力をする」という、行動のあり方に着目するように変化しています。

さらに、「変化する条件に合わせてリーダーシップのスタイルを適応させる」という考え方、「カリスマ型」と呼ばれるものと様々なリーダーシップ論へと変化しています。

時代によってということは、世の中が変わることで、求めるリーダー像も変わるということになるのでしょう。となれば、「こうあるべき」と決めつけることは、難しいのではないでしょうか。

もちろん、「企業利益を追求するに当たり、個々のメンバーに対し行動を効果的に促す」という前提役割はあるのだと思います。ですが、それを「どのように遂行するのか」ということについては、100人のリーダーがいれば100通りではないでしょうか。

社員自身としては、自分がリーダーを担うことになったとすれば、参考にすべき書籍はたくさんあります。ぜひ、自分に合った書籍が選択できるよう促していきましょう。

理想のリーダー像とは

社員にリーダーを担ってもらおうとするあなた自身について考えてみて、理想とするリーダー像はいますか？　自分自身の部署にいるリーダーや上司、別の部署にいる方など、周囲を見回してみましょう。

今まで所属した部署の上司やリーダーだけでなく、学生時代のことでも構いません。所属していたサークルの部長やアルバイト先のリーダー、店長など、いろいろな「リーダー」と関わっていたと思います。

その中に、自分が理想とするようなリーダーはいましたか？　それは、どんな人でしたか？　仕事に対しての向き合い方や、上司との関わり方、そして、自分たちメンバーとの関わり方など、リーダーという立場とどう向き合っていたのか具体的に思い出してみましょう。それが、あなたにとっての「理想のリーダー」かもしれません。第3章の8でもお伝えした「ロールモデル」になり得ます。

ということは、リーダーを担うことになった社員にも、同じように考えてもらうことができそうですね。

芸能関係のアンケート等で、「あなたの理想の上司像」というようなものがあります。有名芸能人やプロスポーツ選手などが上位にランキングしていますよね。その方々が選ばれた理由も一緒に発表されていることが多いので、自分自身でも、漠然と「いいなー」と思っているだけでなく、「何がどのようにいいと感じるのか」ということを、明確にしてみるといいでしょう。

また、メンバーとして仕事をしている以上、「こういうリーダー、上司は嫌だ」という気持ちももちろんあることでしょう。それについても、「なぜ嫌なのか」「どういったところが嫌なのか」について、具体的に考えてみることも役に立ちそうです。いわゆる「反面教師」となるかもしれません。

こういった作業を通して、自分なりの「理想のリーダー像」と、そのリーダーが持っているであろう「特性やスキル」について知ることで、自分は何が真似できそうか、何を今後身につけるべきなのかを知ることができるでしょう。

また、ここで重要なポイントとして、「メンバーはどのようなリーダーを求めているのか」について知ることができます。リーダーがメンバーに阿《おもね》るわけではありませんが、少なくともリーダーとしての考えや取組みが一方通行にならないような意識は大切ではないでしょうか。

そして、社員のマインドを育てる立場のあたな自身にも、改めて考えてもらうことになります。

3 自分を知る〈1〉

メンバーとして働く自分

メンバーの一員として仕事に取り組む自分は、どんな社員でしょうか。すべてにおいて、「どのように向き合っているのか」ということを具体的に考えてもらいましょう。

実際に働いている自分を洗い出そうと思ったとき、いろいろなやり方があると思います。いわゆる「職務の棚卸」と呼ばれるものも、その1つです。この働く自分を知るということは、動機づけにも役立ちますし、壁にぶつかったときにも有効です。

ですが、「職務の棚卸」を1人で行おうと思うと、意外にうまくいきません。何をどのように表現するのか、またどこまで深く洗い出すのかよくわからないからです。

今回は、「仕事に向き合う自分」という視点で考えてもらいましょう。

朝、職場に足を踏み入れたとき、どのような態度をとっていますか？　挨拶はどうでしょうか。声は大きい方ですか？　入口で一言「おはようございます」と挨拶するだけで、個人的にはしないのでしょうか？

机に座ったら、まず何から始めますか？　電話応対やメールの確認、指示を受けるときや報告するとき、など、仕事には様々な場面があります。その細かな場面において、自分はどのように向き合っているのか、改めて考えてみましょう。

人と直接話をしているときの自分。作業に没頭しているときの自分。客先に出かける前の自分。移動中の自分。終わった後の自分。定時に終わりそうにないときの自分。

時系列に考えてみると、漏れが少ないのではないでしょうか。

ここから何がわかるのかというと、自分の特性はもちろんなのですが、「仕事において何をよしとしているのか」という価値観が見えてきます。

自分自身の仕事に対する向き合い方、行動、傾向を思い出すことは、「自分のタイプ」も明確になりますし、「会社から求められている行動や態度」も見え隠れします。今まではそういったことをしていなかったけれど、入社してそのように指導されたことで身についたということもありそうです。

そうすることで、自身の基準や価値観、入社したことで自分の中に浸透した価値観や態度などがわかってくるでしょう。

他者と向き合ったときの判断に出る思考のクセ

明らかになった自分は、今までの行動特性や習慣がつくってきた自分になります。もちろん、仕事を始めてから新たに獲得したものもあります。それがよいとか悪いとかではなく、判断基準になり得るということなのです。特に、自分のやり方、向き合い方で「よい」という評価を受けた経験があると尚更です。

自分のやり方と他者のやり方を比べたとき、「違う」ことを「悪い」、もしくは「できていない」と判断してしまう可能性があります。これは、無意識に感じてしまうこともあり、その比較を止めることはなかなか難しいことだと思います。

しかし、他者との「違い」を「違いである」と認識することは、他者と一緒に働くことにおいて大切なことです。学生時代であれば、「違わない」人を選んで活動することは可能でした。働くということは、この「仕事に向き合う価値観」が多様な人たちとともに共同作業を行う必要があります。

比較を止めることも難しいですし、自分にとっての「よい向き合い方」を変えることも無理なことです。そんなことをする必要はありません。

まずは、他者とは違うということ、そしてそれはあくまでも「違い」であるということ、その「違い」を認識したときの判断に、自分なりのクセが出るものだということを理解しておきましょう。

そのクセも含めて、「働く自分自身を知る」ことが大切です。

4　自分を知る〈2〉

リーダーとしての理想と自分

前段で、理想のリーダー像についてお伝えしました。それを踏まえて、自分だったら…という想像で構いませんので、どんなリーダーになれそうか考えてもらいましょう。

理想のリーダー像について、例えば「メンバーが困っているときには、話をじっくり聞いてくれるリーダーがよい」と考えたとします。さて、あなたは人が困っているとき、じっくり話を聞くことのできる人でしょうか。聞くだけで何もアドバイスをしてくれない人は嫌だなと思ったとしたら、あなたはアドバイスが的確にできる人でしょうか。

理想のリーダー像を細かく列挙することで、それは自分にできることなのか、また、まだできないことなのか、できないのであればそれはなぜか、さらに、どのような努力で身につけられそうなのかということがわかってきます。

また、理想のリーダー像の中には、メンバーとして自分がリーダーに望んでいることが入りやすくなります。その際、現在のリーダーはどうなのかということも考えるきっかけになるでしょう。現在のリーダーと差異があれば、なぜそういった差異が生まれるのかを知ることが、リーダーの考える重要なことになります。

すべてのメンバーが望むようなリーダーになることは、難しいと考えられます。１人ひとり理想としているリーダー像が異なる可能性があるからです。リーダーは、実際に、何を考え、どのような理由で今のリーダーとしての考え方、メンバーとの向き合い方を構築したのかを知ることで、リーダーとしてどうあるべきか、理想とは、自分がやるのであればということを深く考えていく糸口となるでしょう。

リーダーの役割理解

初めに、『企業利益を求及するに当たり、個々のメンバーに対し行動を効果的に促す』ということが前提条件、とお伝えしました。これは、どんなリーダーシップ論を用いたとしても不変であると考えられます。その上で、改めてリーダーとしての役割について考えてもらいましょう。

まず、自分の所属する会社・組織が、リーダーに何を求めているのかということを知る必要があります。リーダーではあるが管理職ではないという場合に、リーダーに与えている権限や裁量度については、会社によってまちまちだからです。

その上で、「メンバーが気持ちよくイキイキと働き、チームとしての成果や生産性が向上することを目標とし、それをメンバーと共有し促せるような対応力」が役割として担うべき部分であると考えられます。

これを全うするには、どんな知識・スキルが必要であるのか、自身の強みを洗い出すなどして考えていくといいでしょう。

一般的な「リーダーシップを発揮する人の持つ能力」などは、様々な書籍や文献の中で紹介されています。ここでは割愛しますが、興味があれば読んでみるよう促しましょう。

リーダーとして働く自分

自分の理想、その中でできそうなこと、そして与えられた役割と出揃ったところで、さて、その社員がリーダーの役割を担うとなると、どんな働き方ができそうでしょうか。

上司の指示命令や方針をどのように理解し、それをどのようにメンバーに伝えそうですか？日々の業務の中で、自分自身の仕事とどう向き合い、また、メンバーとどう関わっていきそうですか？

現場でのリーダーですと、メンバーと同等の仕事をこなしながら、プラスアルファでリーダーとしての役割を担うことになります。何ができるのか、何ができないのかということをしっかりと把握していくことが、重要であると考えられます。

まずは、「リーダーという立場になった自分」について、理解を深めていくよう促しましょう。

その際、

・気持ち
・考え

・行動

という、3つの視点から自分を見ていくといいでしょう。

その後、第3章でお伝えした「転機における4Sを点検する」考え方で、乗越え方を精査していくのがよい方法だと考えられます。

5　人を育てる〈1〉

OJTの目的とは何だろう

OJTというのは、集合教育では成し得ないきめ細かな現場での実践力を伝えるために実施されます。

集合教育には集合教育なりのメリットがあり、「一斉に」大切なことを伝えることが可能です。ですが、もちろん受取り方や理解度には差があり、伝えることは「一斉」であっても、同じレベルで受け取っているとは限りません。

そういったことも含め、OJTを行うことで、個別の対応で補完することや、現場の仕事について実践的な業務を指導していくことになります。

実際のOJTにおける目的は、

・教育される側の戦力化

・教育する側のスキルアップ

の2つが挙げられます。

入社した社員に対しOJTを実施しますので、教育される側の戦力化という目的は誰しもがわかることだと思います。会社によって、このOJTの期間は違いますが、しっかりとした計画に基づいて実施されていることでしょう。

そして、実は、教育する側、つまり、OJTを担当する社員に対してもスキルアップの大きな機会となっています。自分ではわかっていたつもりの仕事であっても、「人に伝える・誰かに教える」となると、「理解がまだ浅かった、不足していた」ことに気づけるものです。そのため、改めて学び直す、確認をするなどし、自信を持って指導する役割を担うわけです。

ＯＪＴの課題

教育される側の社員にある課題としては、受け身であるという意見が多いように感じています。「近頃の…云々」という声は、実は毎年のようにあります。時代によって若者のタイプに違いはありますが、やはり「近頃の…」という言われ方というのは、必ずあるものです。「ゆとり世代は…」というものもありましたよね。

そういった時代の違いはあるにせよ、受け身であるという声は必ずあるようです。与えられることは一生懸命に行い、比較的、真面目ではあるものの、少し積極性に欠けるような印象です。できるだけ1人ひとりに合った動機づけを行うなどしながら、自らの学ぶ意欲を引き出してあげられるような対応が必要なのでしょう。

そして、認められれば嬉しいものです。モチベーションが上がるような関わりや、やってみようと感じられるようなＯＪＴを、ぜひ計画してもらいたいところです。

以前は、「先輩の背中を見て育つ」なんていうことも言われておりました。そういった側面は今でもあると思います。

ある種の「ロールモデル」にもなり得るのですから。それでも、効率的かつ効果的にＯＪＴを進めるのであれば、見せて、やらせて、褒めての繰返しであると思います。

また、ＯＪＴをする側にも課題はあります。自分自身の仕事を遂行しながらＯＪＴ担当者としての役割を担うというのは、かなりの負担であると考えられます。

この部分を、いかにチームでフォローし合えるかということについても考えるべきことであると言えます。

初めてのＯＪＴ担当であるならなおさらです。指導する側としての精神的なプレッシャーもあるでしょうから、受ける側だけでなく、担当者のフォローやケアも疎かにはできないでしょう。

先ほどの話ですと、「自分自身はＯＪＴではなく、先輩の背中を見て学んだ。だから、教え方がわからない」という声も聞きます。ＯＪＴ担当者の教育という部分も、非常に大切なことになるでしょう。

6 人を育てる〈2〉

一員として迎え入れることが第一歩

ＯＪＴをする上で、現場での戦力化は重要なミッションです。入社早々の集合教育だけでは知り得ない、現場の生に触れ、仕事を理解してもらう大切な役割です。

ですが、教育される側としては、初めての環境です。まずは、そのチーム内での一員として迎え入れてもらったという安心感は欠かせないものだと思います。

仕事というのは、「何をするのか」ももちろん大切ですが、「誰とするのか」、「どこでするのか」も大きなウエイトを占めています。知識もスキルもなく、学ぶことに受け身で消極的な社員であっても、まずは「チームの一員である」ことを受け入れることが大切になるでしょう。

第2章―2でお伝えしたマズローのお話を覚えていますか？　組織やチームの一員として認められていることは、欲求の充足としてとても大切です。安心して学べる場であることを伝えるようにしていきましょう。

また、第3章―10でもお伝えした、自己効力感アップの「情動喚起」も重要ですね。落ち着いて物事に向き合える気持ちになることが、受け身から前向きな取組みへと変化させる可能性は高いのではないでしょうか。

初めての職場、初めての配属先というのは、大きな「転機」でもあります。乗り越えやすい場づくりも大切なOJTの一歩となります。

新入社員が仕事を始めたときに、「こんなはずではなかった」という気持ちになることがあります。これを、「リアリティショック」と呼んでいます。

この「リアリティショック」を感じさせないようにするにはどうすればいいのか、ということも考えるべきことの1つです。

「働く」ということに対し、どんなイメージを持っているのか、どんな差異を感じているのか、どのようなショックがどの程度あるのかなど、個人差はあるのだと思います。ですが、それを理解しようとする丁寧な関わりこそが、一員として受け入れてもらっている安心感へとつながるのではないでしょうか。

OJTの3つ目の目的

OJTの目的として2つをお伝えしました。ここで、3つ目があるということをお話したいと思います。

教わる側と教える側にある目的ですが、それを見守るチームメンバーの「メンバーシップが育つ」ということも成果として挙げられます。

リーダーシップについてお伝えしましたが、どんなに優れたリーダーがいたとしても、そのチームが最高の成果を出せるわけではありません。また、リーダーの力が及ばなくてもよい結果を出せるチームも存在します。それは、なぜでしょうか。

チーム内メンバーには、「メンバーシップ」という大切な「心の持ち方と行動」があります。実は、ＯＪＴを行っているチームの中で、メンバー個々の「メンバーシップ」を醸成するチャンスとなり得るのです。

サポートする側としての意識

メンバーシップを効果的に高めていくために、何ができるのでしょうか。

メンバーシップとは、チーム内でしっかりと自分の役割を果たすことで、「チーム全体をサポートする」という考え方になります。いわゆる、「チームワーク」であるとか、「協調性」といった、学生が就職活動でよく使っている自己アピールのようなものです。

自分に与えられた役割や自分が果たすべき業務について、責任を持ち、自律的に携わる意識が重要です。自分自身の頑張りがチームの成果に反映していきます。

ＯＪＴを効果的に遂行していく上で、教わる側の社員を暖かく迎え入れる関わりや気遣い、さらに教える側の負担を減らすためのフォローやケアといった細かな取組みが欠かせません。そして、それこそが、チームの成果を生み出し、「メンバーシップが育つ」ことにつながります。

その中で教わる社員は、「誰とやるのか」、「どこでやるのか」という部分において、満足感を得ることへとつながり、チーム内で自分自身を発揮することの大切さを体感することでしょう。

7 リーダーを育てる

管理職研修

企業では、「管理職研修」と呼ばれるものが多く実施されていると思います。いわゆる、「管理職」として研修を受けるべき人材というのは、どの立場の人からを指しているのでしょうか。私の印象でしかありませんが、少なくても、「長」がつく立場の方だと思います。

この管理職研修というのは、部下をマネジメントしていくスキルを身につけてもらうことと、組織全体を見ていくことの両面が求められているのではないでしょうか。社内でも教育機会が設けられている企業は多いでしょうし、外部研修という形で参加するケースも多いと思います。

会社ごとに様々な考え方があり、どのような「自社の管理職」に育てていきたいのか、意見は大きく分かれることだと思います。ですから、社内であれ、社外であれ、自社に合った研修内容にしていくのであろうと思います。

ここでは、管理職研修の内容についてお伝えはいたしません。それぞれの会社に合った研修は、綿密で計画的に練っていくべきではないかと思います。

実際には、社員が管理職として昇進するタイミングに合わせ、研修に参加できるような配慮を会社側が行うべきであろうと思います。昇進には不安がつきものです。この不安を様々な視点、角度から解消していけるような場をつくっていくといいですよね。

ただ、「管理職」の昇進のときだけでいいのでしょうか？

リーダーだって研修が必要

メンバーが数名しかいないコンパクトなチームであっても、リーダーとしての教育機会は、ぜひ実施していくべきではないかと考えます。

今まで、1メンバーであった社員がリーダーになるということは、1つ上の視点から物事を見ていく必要があり、現場での仕事にプラスアルファという形で携わっていく必要があります。

第1章の5でも伝えたように、昇進は、「辞めたい」と感じる可能性のある出来事です。「長」とつくほどの権限や責任を担うわけではないからと言って、本人にプレッシャーがないとは限りません。

この、一番最初の「階段」のときにこそ、丁寧な教育機会を設けることが、社員を大切にすることにつながるでしょう。大きなステップアップのときにだけ研修を設けたとしても、急に視界が変わることの不安は大きなものです。少しずつ登っていくことで、不安や躊躇い、葛藤の軽減にもつながりますし、その解消法を小さなものから身につけていくことができるからです。

たかが「チームリーダーの役割」と言わず、少しずつリーダーシップに関わる心構えやスキルを全社員が身につけていくことがよいのではないでしょうか。

すべての社員がリーダーや管理職になるわけではないとしても、リーダーシップを学ぶ機会は、少し上の視点を学ぶことにつながります。それが、よいフォロワーシップとして育つ可能性もあります。

リーダーシップマインドというのは、自律的に、主体的に業務と向き合うことにつながります。昇進を辞めるタイミングにしないためにも大切なことではないでしょうか。

8　自分らしいリーダーとしてのあり方

チームを客観視してみる

自分自身が所属しているチームについて、客観視できるように促してみましょう。やみくもに「リーダーとして頑張らなければ！」と考えてはみても、自分自身もチームの一員です。日々の業務に精一杯になりがちですよね。まずは、このチームの特性や特徴を理解していくことから始めてもらいましょう。

自分以外のメンバーは、どんな人たちでしょうか。

・予定されている仕事をどのように進めるのか
・途中で予定どおりにいかなかったとき、どう対処しているのか
・予定されていない仕事が入ったとき、どう対処しているのか

・ミスをしたとき、また指摘されたときの対応はどうか
・メンバーとの関わり方について、どう向き合っているのか
・苦手な人はいるのか、それはどんな理由からか
・気の合うメンバーはいるのか、それはどんな理由からか
・上司に対してどんな感情を持ち、どのように接しているのか
・年上のメンバー、また年下のメンバーに対して、どのように接しているのか
・時間外勤務や休日について、どんな感情を持ち、どう向き合っているのか
・その他の会社制度について、どんな感情を持ち、どう活用しているのか
・チームをどう思っているのか
・自分自身の職種や所属に対し、どんな感情を持っているのか
・会社のことをどう思っているのか

何か、いろいろなことを観察できそうですね。

このチームメンバーの観察を通して、１人ひとりの個性がわかります。そして、そのメンバーたちが所属しているこのチームを客観的に評価してみることに取り組んでもらいましょう。

想定外な出来事やアクシデントがあると、チームメンバーの生の状態が見えることも多いと思います。そのとき、個々のメンバーの役割や立ち位置、それ自体への向き合い方や取組み方などを分析してみることで、チームのカラーがわかってくるでしょう。

それがよい状態であれば、壊さないことを心掛ける必要があります。また、悪い状態（軋みや歪み、停滞、不平不満など）があるなら、何をどのようにすることがリーダーとして求められているのかに気づけるのではないでしょうか。

元リーダーや他のリーダーを客観視してみる

自分が担う前のリーダーはどうでしたか？　前述のようなチームの状態に対し、どのようにリーダーとしての責務を全うしていたのでしょうか。

また、他のリーダーを見る機会はありますか？　チームの個性が違ったとしても、他のリーダーのやり方は、ロールモデルとして1つの目安になり得ます。

リーダーとしての関わり方によって、チームの状況は変化していきます。よい変化であれば、どのような関わり方が最適解へとつながるのか、自分への学びになりますよね。また、悪い変化であれば、戒めにもなります。

自分自身がチームの一員でしかなかったときには気づかなかったことに気づく機会は重要です。また、一員だからこそ感じていたことが、リーダーとしてそれを受け止めた場合、リーダーはどう感じるのかということも視野が広がる機会となるでしょう。

そして、元リーダーや他のリーダーのあり方は、自分の理想とするリーダー像と比較するとどうですか？　何が同じで、どこが違うのでしょうか。そういった視点も大切です。

考え方としては、急に自分をリーダーという立ち位置に置くのではなく、リーダーとメンバーをつなぐ位置に据え、両方を俯瞰して見てみるという取組みを促すとよいでしょう。

自分はどうしたらいいのだろう

本章の2、3、4の部分で、リーダーシップと自分自身についてお伝えしてきました。自分ならどうするのかということを前段の客観視で考えてみると、わかることも多いと思います。

ですが、自己理解した自分と「こうしたほうがいいだろう」と気づいたことに乖離がある場合もあります。その場合、自分にとって負担の少ない方法を考えていくのか、メンバーにとって負担の少ない方法を考えていくのか迷うところです。

どちらを優先するのかについては、一概に答えは出ないものだと思います。結果として、チームの成果によい影響があるのはどちらだろうという視点を持たせるといいのではないでしょうか。

自分を犠牲にして…というわけではありませんが、チームの成果に寄与することがリーダーに課せられた役割だと考えることも大切です。

働く方の相談に乗っていると、「人をまとめることができるとは思えない」とか、「人に指示をすることが苦手です」といった話をよく聞きます。リーダーというのは、必ずしも人をまとめるとか、指示をするとかしなければならないのでしょうか。

チームがまとまるとは、どういう状況を指しているのでしょう。何かをするとまとまるのでしょうか？　まとまっていると感じたチームに所属していたことはありますか？　それなら、そのときのリーダーは何をしていたのでしょうか。

この「まとまる」という漠然とした言葉に左右される必要はないのだと思います。先ほどもお伝えした「メンバーシップ」が育ってくると、「まとまってくる」ものだと思います。メンバーシップが育つような関わり方を、リーダーとしてメンバーにできるかどうかではないでしょうか。

また、「指示」という言葉も重たいものです。私自身が学生支援をしていて、学生に対し、「こうしたほうがいい」と指示することはあります。指示とは、「指し示す」と書きます。こちらから何かを指し、示すということは大切なことです。もし、「指示することが苦手」と感じているのであれば、「命令」と少し勘違いされているのかなと思います。

指示する場面とは、重要なことを伝えて理解してもらうことにほかなりません。それを省いていては、仕事は成り立たないことも多いのではないでしょうか。仕事において、「重要な情報や個々のすべきことを共有していく作業である」と思えば、指示という言葉の抵抗感は減るかもしれませんね。

すべてにおいて結局は「ＰＤＣＡサイクル」

仕事をする上で、「ＰＤＣＡサイクルを回すことの重要性」というものを、皆さんはご存知だと思います。リーダーとしての職務を全うすることそのものも、その社員の大切な仕事です。であるなら、そのリーダーという職務も、「ＰＤＣＡサイクル」を回せばいいのではないでしょうか。

やってみて、チェックして、修正し、またやってみる。この繰返しですよね。試行錯誤でもいいのではないでしょうか。

「リーダーというのは、皆のお手本であり、しっかりとチームをまとめ上げ、きちんと成果を出していかなければならない」―それが最初からできればベストです。でも、最初からは難しいことです。無理だと諦めることも勿体ないことです。

トライアンドエラーでもいいのではないでしょうか。

大切なことは、やってみた上で問題や課題に気づくことです。そして、その都度、様々なアイデアを「チームで」考えていけばいいのです。

リーダーがリーダーとして機能していくプロセスでメンバーシップが育ちます。１人で抱え込むのではなく、チームで乗り越えることで、リーダーもチームも育っていくのではないでしょうか。

１人の社員にリーダーを任せると決まったのであれば、この「ＰＤＣＡサイクル」を回している間も、きちんと見守る姿勢を会社は持つべきです。

そして、第2章や第3章でお伝えしたことも、きっとお役に立てると考えます。リーダーとしての社員を育てていくことにおいて、活用してもらえたらと思います。そして、メンバーが仕事に取り組む動機づけを促していく関わり、壁にぶつかり悩んでいるときに対する考え方としても、有効ですね。

メンバーのマインドに変化が起きてくるような、メンバーシップを醸成していくチームづくりに活用できるよう、教育機会をつくってほしいと思います。

いくつかのリーダー経験からわかったこと

私自身のリーダー経験を少しご紹介してみます。

実は、仕事では、リーダーの経験がありません。ですが、大人になってから、リーダーとしてチームをまとめる機会がありました。

子育てをしていますので、子どもが通う小学校での保護者会会長という役割を担いました。いわゆる、ＰＴＡ会長のようなものです。様々な背景を持つ保護者の方々の先頭に立ち、子どもたちのために奔走いたしました。また、住んでいる地域での自治会長も経験しています。

私自身が両会長として心においたことは、「皆それぞれに事情がある」ということでした。皆がそれぞれの事情がある中で役員として携わってくれていたわけです。メンバー皆が、自分の役割を全うする上で、「気持ちよくやってもらえる」ことを重視していました。

実は、それが一番、効率的であり、会がスムーズに進むのです。やることはたくさんありましたし、締切もキツイという中でも、それぞれの事情を考慮し、個別にお願いをし、やれることをやっていただきました。

「急がば回れ」ではありませんが、結局、丁寧に人とかかわることを怠っていては、集団はまとまらないということを実感しました。

自分自身にリーダーシップがあるかはわかりませんが、メンバーを大切にすることで、リーダーとしてやってこられたのだろうと考えています。

第5章　上司や部下、その他職場メンバーとの人間関係を円滑にこなすマインドの育て方

1　感情をコントロールする

いろいろな感情がある

この章では、「若手社員への教育」にかかわらず、読んでくださっているすべての方に向けてお話を進めていきたいと思います。

人は、生きている以上、いろいろな感情があります。プラスの感情で言うと、「嬉しい」「楽しい」「面白い」「気持ちがいい」などがありますよね。感情は、そもそも自分の心の中に沸き起こるものです。

また、一緒に仕事をしたメンバーとの間で喜びの感情を共有することで、喜びが倍増することもあります。もちろん、感謝の気持ちなど、相手に向けるものもあります。ですが、自分の心で沸き起こり、それで完結できるものです。

マイナスの感情であっても、「悲しい」「寂しい」「苦しい」「悔しい」など、やはり自分の心の中に沸き起こるものもあります。特にマイナスの感情であると、他者には開示せずに、心の中だけで消化していくことも多いのではないでしょうか。

では、なぜ「怒り」だけは、自分の心の中で沸き起こった後、「他者に」渡そうとするのでしょうか。もちろん、喜びや感謝を他者に渡すこともあります。ですが、この「怒り」については、「渡す」というよりも、「ぶつける」ことをしていませんか？

怒りをぶつけずに済ませることが最適だと思っているわけではありません。ですが、ぶつけ方やぶつける量がコントロールできないことも多いように思います。怒りの量が多いときは、ぶつけずにはいられないということもあるでしょう。また、怒りの対象者によっては、ぶつけたいと感じることもあるでしょう。

なぜ、怒りだけコントロールしなければならないのか

「アンガーマネジメント」という言葉、聞いたことありませんか？　怒りの感情をコントロールするスキルのことだそうですね。

たとえマイナスの感情であっても、コントロールするスキルを持ちましょうとは言われません。ですが、怒りだけは、コントロールするスキルを求められているということになります。

仕事の場だけに限りませんが、人と人とが集まって何かを成そうとするとき、この関係性を悪いものにしてしまう可能性が、「怒り」にはあるからだと考えられます。

イライラしている人がそばにいると、何となくそのイライラが伝染してくるような感覚を持った人もいるのではないでしょうか。怒りっぽい人がチームの中にいると、「職場の空気が悪くなる」なんていう言い方をされたりもしますよね。

怒りのコントロールについて、スキルを身につけたいと考えている人は、この「アンガーマネジ

メント」を学んでみるのもいいかもしれません。

ここで、「許す」ということを考えてみましょう。「許す」ことができるときとできないとき、ありますよね。許すことができるときというのは、どんなときだと思いますか？

実は、自分自身に「ゆとり」があるときになります。時間や気持ちにゆとりがあると、許すことが苦ではなくできます。日常から、自分の時間や気持ち、ストレスなどを適切にコントロールすることでゆとりが生まれ、許すことができるようになるのではないでしょうか。

あえて怒りの感情をコントロールするスキルを身につけていくのではなく、自分自身の働き方や人との関わり、物事への向き合い方について、自分の心にゆとりをつくれるような自己管理を心掛けていく。それも1つの方策ではないでしょうか。

2　自分の仕事を支えてくれるもの〈社内編〉

あなたの周りに誰がいる？

自分が携わる仕事において、あなたの周辺には誰がいますか？　同僚、後輩、先輩、上司、部下など、所属するチームや部署で一緒に働く人たちがいます。もちろん、それは正規雇用者だけでなく、パートタイマーの方や派遣スタッフの方など、非正規雇用の方もいらっしゃいます。その人たちは、あなたの仕事をどのような面で、どのように支えてくれているのか考えてみたことはありますか？

それぞれが、自分の役割を果たそうと日々の努力をしていますよね。それが仕事というものです。その中に、自分1人でできていることはありますか？　自分が離席している最中に、電話を取り次いでくれる人はいませんでしたか？　うまくいかなかったとき、気軽に声をかけてくれた人はいませんでしたか？　自分の仕事の成否について、口を挟まずに聞いてくれた後輩はいませんでしたか？

自分の業務そのものであっても、自己完結できる業務はあまりなく、周囲のメンバーが手を貸す、知恵を貸すなどしながら完成していくことは多いと思います。また、スケジュールを調整してくださった取引先の方の助けもあったと思います。

自分のすぐ身近にある人たちの関係性の中で自分の仕事は成り立っていることを改めて考えてみるといいのではないでしょうか。

よく聞く話ではありますが、「失敗すると他責、成功すると自責」という方がいらっしゃるようです。よい成績、よい成果を収めたときには、「自分がスゴイ。頑張ったのは自分」という気持ちになる。ですが、うまくいかなかった、ミスをしたときに、「○○のせい。□□が悪い」というように、責任は他者にあると考える。

どちらも、そのような一面はあるでしょう。それは間違いではありません。あなたが頑張ったからでしょうし、何か自分ではどうしようもない不具合が別のところで起きることもあります。ですが、その分、うまくいったら「○○のサポートがあった」、ミスをしたら「自分が□□を怠った」など、逆の部分も一面としてはあります。

うまくいったときは「誰かのおかげ」、うまくいかなかったときは「自分のミス」という、「よいことは他責、悪いことは自責」という考え方を、少しだけ頭の中に置いておきましょう。

社内にいるサポーター

会社というのは、自分自身が所属している部署以外にもたくさんの方々が自分の職務を日々果たしてくださっています。自分が毎月、決まった形で給与をいただけるのは、計算や銀行振込みの手続をしてくれる部署があるからですよね。また、営業先でよいプレゼンができるのは、資料作成や準備をしてくれる事務の方がいらっしゃるからということもあるでしょう。

社内で使用しているオフィス機器やパソコンなども、専門の方々が定期的にメンテナンスしてくださっているからではないでしょうか。今だと、ネットワークを構築してくださる専門家の方もいらっしゃいますよね。高層ビル内で働いていらっしゃる方にとっては、エレベーターの定期点検なども非常にありがたいことだと思います。

オフィスを気持ちよく使用できるのは、外部の方が毎日しっかりと清掃をしてくださっているからでもあります。ランチを買いに行くコンビニエンスストアの店員さんも、周辺で働く会社員の方々の大きな支えですよね。

それぞれの方々は、自分自身の職務を果たしているに過ぎません。ですが、あなた自身が職場で働くことについて、何らかの形でサポートしてくださっているのだと考えてみると、いろいろな支えがあってこそ働けているのだと感じることができるかも知れませんね。

3　自分の仕事を支えてくれるもの〈社外編〉

家族が一番身近なあなたのサポーター

一人暮らしでお仕事をされている方であっても、実家には家族がいるという方がほとんどではないでしょうか。また、自分自身が新しい家族を築いているという場合もありますね。

家族は、自分にとって一番身近なサポーターです。第1章で「家族のために頑張っている」という若手社員の事例をお伝えしました。この社員にとっては、自分の築いた新しい家族が、何よりも自分のサポーターなのでしょう。

今でもいるのかわかりませんが、「誰のおかげでご飯が食べられると思っているのだ！」と怒るお父さん、よく聞く話ですよね。こういったことを聞くと、「では、あなたは誰のおかげで毎日しっかりご飯を食べ、毎日真っ白なワイシャツを着て仕事に行けるのでしょう？」と聞いてみたくなります（笑）。

何かをしなければいけないというわけではありません。話を、愚痴を、聞いてくれるだけでいい。また、一緒にテレビを見るだけでもいい。何でもいいのです。やはり、家族は一番のサポーターであったらいいなと思います。自分もそうありたいですし、そう感じていてもらいたいと思います。

私には、独立して働いている娘がおります。彼女は一人暮らしをしていますが、離れたところに住んでいる私（母親）やほかの家族（父親や妹）が、彼女にとってのサポーターであればいいなと思っています。

地域の方々もあなたの支えではありませんか？

お仕事で忙しく、地域活動などには参加したことがないという方も多いのかなと思います。この差がよいことだとは思いませんが、女性は参加経験のある方も多いかもしれませんし、ご自分のお母様は参加経験があるという若手社員さんもいらっしゃるでしょう。

この地域活動があなたの仕事を支えていますと言ってもピンとは来ないかもしれません。ですが、地域活動を盛んに行っていることで、地域の防犯に効果が出ている場合もあります。地域で助け合っている町というのは、犯罪者にとっては抑止効果が高いようです。また、町内会の清掃活動などもあるでしょうから、町が清潔に保たれていますよね。さらに、ゴミの日にゴミを収集してくださる方がいるということも重要なことです。

地域の活動に対し、参加は難しいのかもしれません。ですが、関心を持ってみるとてもよい情報が耳に入ったりもします。

体調を崩したときの助けになるのは医療施設ですし、近所で買い物をすることもあります。

仕事は１人でできるものではなく、また人は１人では生きていけない

単純な話かもしれません。ですが、改めて考えてみると、自分は様々な人たちに支えられて、毎日を過ごしているのだということがわかります。

それを理解し、感じていることが、他者との人間関係においてとても重要なのではないかと考えました。

他者に対し、まずは感謝の気持ちを持つということが、相手に対して謙虚な態度や思いやりの心を持つことにつながるのではないでしょうか。

そして、自分も誰かのサポーターであり、支えになっているのかもしれないと考えてみることも、素敵なことではないでしょうか。

4　コミュニケーションとは〈1〉

何をきくのか

人間関係を円滑にしようと考えるとき、まずは「人の話をきく」ことは欠かせません。では、実際に何をきくのでしょうか。

仕事の場面では、業務に関することについて、会話を通して相互理解を図るためにコミュニケーションをとります。それ以外にも、雑談やちょっとした会話をする場面も多くありますよね。

人間関係を円滑にと考えたときに、人の話をきく場面は多々あります。そのとき、実際には、「何を」きくのでしょうか。

話す側は、自分が伝えたいこと、伝えるべきことを話してきます。聞き手としては、事実や情報、状況などを漏らさずきくことを心がけると思います。

そこで、その話し手の「考え」やそれに対する「気持ち」などをきくことも心がけてみるとよいでしょう。もちろん、本人が話したがらないことを無理に話させることはできません。ですが、職場での人間関係を円滑にしようと考えるのであれば、客観的なことを共有するだけにとどまらず、それに対する考えや気持ちをきくことで、より深い理解が得られることも多いのではないでしょうか。

仕事の相互理解は、職場では当然として、さらに、一緒に働くメンバーそのものを理解しようとする意識があると、もっとスムーズになることも考えられます。

どのようにきくのか

今までずっと、「きく」ということを漢字にせず書いてきました。皆さんもご存知のように、「きく」という言葉にはいくつかの漢字があり、それによって意味が異なります。

・訊く

これは、尋ねるという意味を持ち、質問をするときなどに用いる漢字となります。情報伝達のときなどは、この「訊く」が当てはまりますよね。

適切な「訊く」を用いることで、話し手の話す内容が大きく変化するとも言われています。「質問力」をスキルとして考え、身につけていく、伸ばしていくような書籍も多く出ています。この「質問力」を磨いていくのもよいのではないでしょうか。

・聞く

これは、すべてに当てはまる漢字ですね。自然に「音」が入ってくる状態は、すべて「聞く」で表現するのだと思います。

・聴く

これは、積極的に「耳を傾ける」ことを意味しています。

「聴く」という漢字で思い浮かべることとして、「傾聴」という言葉があります。傾聴というのは、一般的にはカウンセリングスキルとして用いられていることが多いのではないでしょうか。

社内で人間関係を円滑にすることにおいて、「カウンセリングスキル」を皆が身につけていくというのは現実的ではないと考えられます。ですが、この傾聴やカウンセリングにおいては、人の話を聴くことについて、重要なことも伝えています。１度、勉強をしてみるのもいいと思います。

傾聴のエッセンス

ここでは、エッセンスだけお伝えしておきましょう。人の話を聴くとき、できるだけ相手の話を否定せず、まずは受け入れていくことを大切にしてみましょう。「まずは」ということがポイントです。状況によっては、こちらからアドバイスをする、指導する、叱責するという場面もあるでしょう。それであっても、「まずは」受け入れて「聴く」ことを心がけていきましょう。そのときに、「考え」や「気持ち」も聴いてみるといいと思います。

さらに、仕事ということを視点に考えてみると、「報告・連絡・相談」が思い浮かぶ人は多いと思います。「ホウレンソウ（報連相）」と呼ばれるものですよね。社内教育でも必ず、新入社員に伝えていることではないでしょうか。

新入社員研修では、「ホウレンソウ」をこちらから伝えることを念頭に置いて伝えているのだと思います。これを、受け取る側、つまり「きく」ということで考えてみると、何をきくのか、どのようにきくのかを考えるきっかけになるのではないでしょうか。

5　コミュニケーションとは〈2〉

伝えるということ

あなたが職場のメンバーに何かを伝えようと思ったとき、何を意識していますか？

「伝える」と一口に言っても、「報連相」なのか、日常会話なのかによって、意識すべきポイントは変わってくると思います。まずは、〝仕事上の〟ということで区切って考えてみましょう。

仕事で何かを伝えるときには、

・迅速であること
・正確であること

の２つが求められていると考えられます。これを相手が理解できるように伝えていくことが大切でしょう。

漏れなく伝えることのポイントとしては、「５Ｗ１Ｈ」を使うとよいということを言われています。そのとおりですね。自分自身が伝える立場になったときには、ぜひ心がけたいところです。また、「報連相」の基本的なところを押さえるとよいでしょう。

では、それ以外の日常会話、休憩時間の雑談などではどうでしょうか。ここで心がけたいこととしては、「思いやり」であると考えられます。

何を思いやるのかはいろいろあると思うのですが、「相手の立場や状況」であると私は考えます。そもそもコミュニケーションというのは、１人でできることではありません。そして、コミュニケーションスキルを「話すことが上手である」と勘違いしている人も多く見受けられます。でも、そうではありません。

コミュニケーションをキャッチボールにたとえることがありますよね。ボールを投げ合うことを例にして説明しています。キャッチボールであればどうでしょう。受け手がいるからこそ、投げられるのではないでしょうか。コミュニケーションも同じです。聞き手がいるから成立するのだと思います。であるならば、聞き手の立場や状況を尊重していく姿勢が大切ではないでしょうか。

伝えることに躊躇いがある場合は

例えば、初めてリーダーとしてメンバーに何かを伝えたいときや、ミスをした後輩や部下に注意をしたいときなど、すんなり伝えることができますか。

うまく言えない、そもそも苦手という人は多いのではないでしょうか。第4章でも少し触れましたが、人をまとめる、指示をするということが苦手な人は多いようです。まとめる、指示するという言葉を別の角度から見ていく方法をお伝えしました。ですが、しっかりと伝えなければならないという場面は多々あります。そんなとき、どのように伝えていけばいいのでしょうか。伝え方がスキルであるならば、トレーニングは可能です。

「アサーション」という言葉を聞いたことはありませんか？　相手の立場を尊重しつつ、自分の意見もきちんと主張することを言います。これについて、トレーニングの場や研修機会を得られるといいでしょう。

ポイントとしては、相手も自分も大切にするということが大前提となります。そして、相手を否定せず、受け入れることを「まずは」大切にしながら、事実や状況を共有していくことを欠かさないことが大切です。その上で、別の視点やあなたの考えを伝えていきましょう。

繰り返しますが、トレーニングで身につけることは可能です。コミュニケーションについても、「コミュニケーションスキル」と呼ばれているわけですから、トレーニングでスキルを向上していくことが可能です。ぜひ、学びの機会を社員に提供していきましょう。

総じて、職場の人間関係を円滑にするためのコミュニケーションというのは、仕事上の話であれ日常会話であれ、相手の立場を大切に考え、また、その考えや思いを汲み取ろうとする意識、理解しようとする姿勢を土台に持つことが重要だと考えられます。そのような姿勢をすべてのメンバーが持てるような職場であれば、スキルを学ばなくても、よいコミュニケーションがとれる場になれるのではないかと思います。

6　人は違うものである

違いを違いとして受け入れる

コミュニケーションで相互理解を図る上での大切な視点として、「人は違うものである」ということです。何か状況が起きたとき、物事と向き合うとき、人と関わるとき、すべてにおいて「判断基準」が自分とは違う人ばかりだと考えましょう。

他者と自分を比べたとき、何が違うのかということは簡単にわかることもあります。表面上でわかる「違い」ではなく、ここでは「価値観の違い」を知っておいてほしいと思います。

「価値観」というのは、人にとっての優先度であるとか、大切にしたいこと、自分の中にある基準のようなものです。仕事上の出来事において、それをどう感じるか、考えるかということは、それぞれ個々人の「価値観」によって分かれていくことになるでしょう。

これは、よい悪いではなく、あくまでも「違い」であると考えましょう。ただ、違いだということはわかってはいても、受け入れがたいことも多くあるでしょう。自分との違いが大きいと、受け入れにくいものです。その人との関係性によっては、受け入れられないなら断ち切るということも考えられます。ですが、仕事上の関係であると、受け入れざるを得ない、または、受け入れられないまま表面上は関係を保つことも多いでしょう。

ここで、ストレスを溜めてまで無理してお付合いをしなければならないか？　と考えると、それはNOだと思います。

まずは、「違い」であることを認識することで、相手を「悪い」と決めつけ、「責める」ことはなくなると考えられます。それは大切なことです。

あくまでも「違い」であるにもかかわらず、あたかも相手を「悪い」と見なして「責める」ということは、仕事上の関係を壊してしまうことにつながります。そして、何が違うのか、なぜ違うのか、理解してあげられる部分はないのかという発展的な気持ちになれたらと思います。

受取り方が人によって違う

図表8をご覧ください。皆に同じ事実が起きたとき、その人の状況（立場や環境、経済的事情、

病気の有無など）と思考（考え方、大切にしていること、信念、目標や夢など）を踏まえて、その人にとっての現実があります。その現実によって受取り方が変わってくるのです。

違いを考えるとき、「あの人にはそういう事情があるから仕方がない」というような判断をすることはありませんか？　すべての人において、同じ事実があったとしても、その人なりの現実があり、受取り方が違うのは当たり前のことなのです。

もちろん、会社や職場において優先すべきことはあります。例えば、安全を最優先に考えなければならない現場などもあるでしょう。そんなときは、個人の価値観よりも大切なことはあります。単純に、個々人の価値観だけで相手を責めるようなことをせず、人それぞれに違った受取り方があるということを、まずは、理解しておきましょう。

7　苦手な人との向き合い方

自分の心を守ること

職場の中で苦手な人がいないという人はいないように思います。誰しも、

【図表８　受取り方は人によって違う】

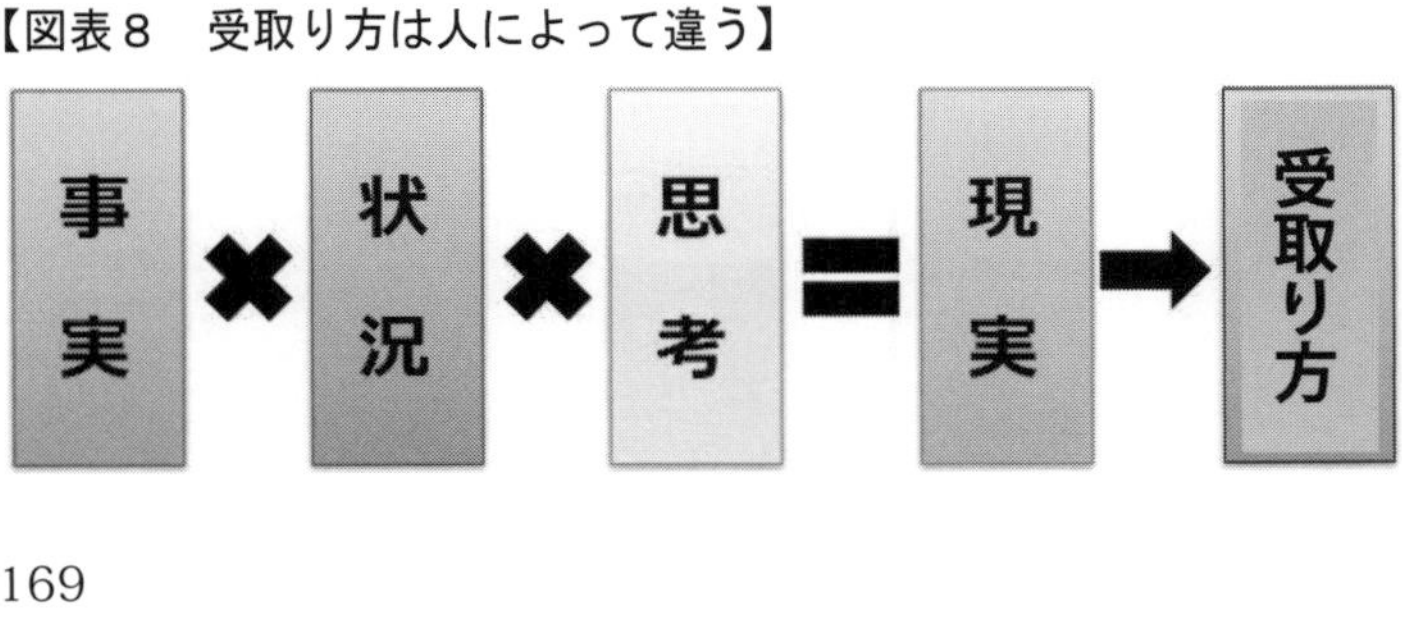

「苦手だな…、付き合いにくいな…」と感じる人はいるものです。それはそれとして受け入れればよいのではないでしょうか。人は違うのですから、合う・合わないという判断があるのは仕方のないことです。

私が言いたいこととしては、そんな自分を責めないでほしいということです。特に、初めてリーダーになったというような場合、自分のチームに苦手な人がいたら、責めてしまいがちです。

「このままではチームをうまくまとめられない。あの人がいる以上、きちんとリーダーの役割を果たせそうにない」。そんなふうに考えてしまうのではないでしょうか。

自分が相手に接するとき、苦手な人とそうでない人との間に「差」があってはいけないと無理をしたり、意識し過ぎてしまったり…。それは、とても自分の心が疲れてしまうのではないでしょうか。人は機械ではありません。常に決まった対応をすべてにおいてできるほど、心は単純にできてはいないのです。まずは、自分の心を守ることを優先しましょう。

対応には工夫をしてみる

私も、自分が働く職場に苦手な人はいました。そして、考えてみると、その方もきっと私のことが苦手であったように感じます。

その方とは、仕事上のやり取りが頻繁に必要な立場にいました。自分の心に素直になると、「嫌だな～」という気持ちです。それでも、仕事で必要ならば、避けてはいられません。

私がやったことというのは、他の人とやり取りをするときよりも「論理的で具体的で漏れのない」報告を心がけたということです。

自分自身の報告に漏れがあれば、何度も対応をする必要が出てきます。回数を減らすために、1回でしっかりと説明をすることを意識していました。そして、たとえお互いに苦手な気持ちがあったとしても、「仕事はきちんとできている」という最低限の承認や評価は持つべきだと感じていたからです。

私のこの工夫がすべての方に当てはまるとは限りません。ですが、接する回数を減らすことも、自分の心を守ることにつながるのではないでしょうか。

どんなに苦手な人であっても、情報共有や連絡事項の伝達において、すべきことはしっかりと行っておくことは大切なことだと思います。

苦手であってもやってはいけないこと

苦手だなと自分の心の中だけで感じている分には問題はないのですが、他の人を巻き込んでいくことは避けるべきだと考えています。

自分はその方のことを苦手だと感じていても、他の人も同じように感じているとは限りません。ですが、あなたのその「苦手だと思っている」ことを知ったことで、その人のことを見る目が変化し、その人も同じように苦手になってしまうかも知れません。また、同じように苦手だと感じていたとしたら、今度は2人で「悪口」を言うことにつながりやすいのではないでしょうか。

1度苦手だと感じると、なかなかその気持ちは消えず、辛いかもしれません。ですが、他の人を巻き込んでいくような対応は避けたほうがいいでしょう。

ですが、「部下たちが飲み会で上司の悪口を言い合い盛り上がる」ということも事実としてはあると認識しています。それをやるなとは言いませんが、こういったことは回を重ねるごとにエスカレートしやすく、またそれに伴って自分の気持ちも苦手度が増していくように思います。

できれば、自分の苦手な人とは関わりのない場で、気持ちを吐き出す機会を持てるといいですね。

8　感謝する

「今」に感謝する

自分自身が置かれている状況を感謝することは大切なことだと考えます。もちろん、「何で自分ばっかり」とか、「どうして私だけが」と感じることも多くあります。とてもじゃないけど感謝なんて考えられないというケースが多いことも理解しています。

ですが、何1つ感謝することはないと言い切れますか？　どんな小さなことでも構いません。「よかった」と感じられること、「ありがとう」と思えること、見つけられるといいと思います。また、その感謝を見つけようとする意識が大切なのだと思います。

自分自身はさておき、世の中では様々な事件や事故が起きています。近年、自然災害も日本では増えてきました。理由は様々あるのでしょうが、その渦中にある人は、なかなか今を感謝することは難しいのではないかと思います。

それでも、些細な出来事に感謝の気持ちを持つことで、小さくても希望の芽が出てくるのではないでしょうか。辛いときほど、人の優しさが心に染みることも多いですよね。そこに、感謝の思いを持ちましょう。

とても綺麗事に思えるかもしれません。ですが、ただ辛いと言っているだけでは状況は変化しないものです。前段でお伝えした現実を変えていくためにも、思考を変えることができるのは「感謝」だと考えています。

感謝したらそれを伝えよう

第5章の2と3で、自分の仕事を何が、誰が支えているのかということをお伝えしました。ぜひ、その人たちへの感謝を伝えてほしいと思います。

「すいません（すみません）」という言葉があります。この言葉は、「謝罪」の意味でも「感謝」の意味でも使用しています。この「すいません（すみません）」を使用する回数を減らすということを目標にしてもいいのかなと思います。

ついつい、「すいません」で済ませていることも、実際には、「ありがとう」と言うべき場面は多々あると思います。意識していくことで変わることができますので、できるだけ多くの「ありがとう」を言える日々を送ってほしいと思います。

考えてみると、私たちの日常には、たくさんの「ありがとう」があります。どんな些細なことでもいいのです。たくさんの荷物を持ったままエレベーターに乗り、「開」のボタンを押してくれた人もいるでしょう。自分の代わりに電話を取り次いでくれた人、通信販売で買ったものを届けてくれた配達員の方、スーパーのレジの方、電車のドア付近で「スッ」とよけてくれた方、どんな人でもいいのです。「あ、すいません」と軽く言っていたことを、「ありがとう」に変えてみましょう。

感謝の言葉は、口にした自分の心にもゆとりを生んでくれるものだと思います。そのゆとりが、人間関係を円滑にする上で、相手を否定せず受け入れるスペースをつくってくれるのだと思います。

9　人のつながりとは

人とつながることで自分を知る

仕事に向き合う、人と関わるということにおいて、自分自身を知るのは大切なことです。自分がどんな人間であるかが、仕事に取り組む意欲やモチベーションを考えるに当たり指針になってくるわけです。

誰とも向き合わず、何もせずにいると、自分を知ることは実は難しいことです。よい悪いではなく、人は誰かと比べることで自分を知ることにつながっていきます。

もし、たった1人で生きているとしたら、自分が何者であるのかはわかりにくいものです。単純な例でいうと、私は身長が158㎝なのですが、これは高いのか低いのか。自分以外の人と比べて初めて、○○さんより高いという判断ができるわけです。

自分の仕事のやり方、進め方の特徴を知るのは、他者のやり方、進め方を見るからこそ判断できる部分でもあります。

仕事をする以上、他者との関係は0にできないものです。そこで関わりながら改めて自分を知ることにつながり、よりよい仕事のやり方であるとか、コミュニケーションであるとか、気づけることも多いのではないでしょうか。

進化は、進歩変化だということをお伝えしました。進歩変化していく上で、他者との関わりが自分にとってどのような影響を与えてくれるものなのか、考えてみることが大切でしょう。

仕事上では、様々な立場の違いがありますよね。社内でのコミュニケーションを考えたとき、相手の立場によって自分自身の関わり方が変わることはよくあることです。ここでも、変わることの是非やよい悪いで判断するのではなく、変わる自分を受け入れること、認めることが必要でしょう。

「人間関係が円滑である」の定義すら人それぞれ

学生が就職先を考えるとき、「人間関係がよいところで働きたい」と言います。どんな人たちとどのように関わるか、何をもって「人間関係がよい」と判断するのか、人それぞれではないかと思います。

また、人間関係がよいということと、円滑であるということは意味が違うのではないでしょうか。仕事を遂行する上で、円滑であるということは非常に大切だと思います。情報共有や連絡事項の伝達などが滞らないということが優先されます。また、各人が「理解している」状況であることも重要です。職務上のコミュニケーションが円滑に進んでいることと、職場メンバーの人間関係がよいということは同一ではありません。まずは、職務が円滑かどうかの優先が大切だと思います。

前提はどんな場面でも通用する

職務上のコミュニケーションであれ、個人的な人間関係であれ、前提は同じではないかと考えています。立場や環境が違っていても、相手を尊重することや、相手のお話をまずは受け入れていくことなど、「人と対峙する」ことの姿勢や態度、意識は共通だと思っています。自分を大切にすること、相手も大切にすること、そのお互いの意識が人間関係をよりよいものに育てていくのだと思います。

若手社員を教育するという視点で考えるのであれば、やはりコミュニケーションに関するものは設定しておくとよいでしょう。その際、スキルやテクニックにだけ重きを置くのではなく、「思いやり」や「受容」についても、前提としてお話してくださる方にお願いしたいものです。

そして、本書を読んでいるすべての方も、今1度、自分自身のコミュニケーションについて見直してみる機会としてもらいたいと思っています。

第６章　社員教育以外のサポート

1　メンター制度

メンター制度とは何か

「メンター制度とは、豊富な知識と職業経験を有した社内の先輩社員（メンター）が、後輩社員（メンティ）に対して行う個別支援活動です。キャリア形成上の課題解決を援助して個人の成長を支えるとともに、職場内での悩みや問題解決をサポートする役割を果たします」（厚生労働省「メンター制度導入・ロールモデル普及マニュアル」平成24年）とあります。

呼び方は会社によってそれぞれだと思いますが、近頃はメンター制度を導入している企業は増えてきたように感じています。新入社員のトレーナーのような位置づけなのでしょうか。一般的には、部署の壁を越えての任命等があるようですが、やはり部署内の数年先輩が担当するケースのほうが多いでしょう。

配属先で必要となる知識やスキルをトレーニングする意味合いもありますが、仕事への向合い方や職場メンバーとの関わり方、会社組織そのものや社会人としての適応について、サポートしています。

シンプルな表現をすると、「新入社員が職場に馴染みやすくなる」といったイメージでしょう。ですが、目的としては、社員の成長の第一歩となる大切な位置づけだと思います。

メンター教育

とはいえ、誰にでもメンターが務まるのかというと、違うようにも思います。ＯＪＴ担当者やチームリーダーにも、その立場を担うものとしての教育が必要だと思いますが、メンターにもメンター教育が必要だと考えています。

人と人との関わりでもありますから、相性のようなものもあるとは思います。ですが、まずは自分自身がメンターとしてどうあるべきかというところから意識づけが必要でしょう。

新入社員としては、誰がメンターになるかによって、成長度合いに差があっては困るわけです。ある意味、最初のお手本にもなり得る立場ですので、仕事への向合い方や、メンティとの関わり方において、一定程度の教育機会は持ちましょう。

メンター制度の目的や成果

これについては、どこに目標を定めるのかということが、会社ごとに違うと思います。

ある企業の事例として、自分のメンターに仕事上の様々な疑問や質問をするメンティがいました。4～5年先輩であったメンターは、メンティの疑問や質問にすべて答えられるわけではありませんでした。そこで、メンティの疑問を解決すべく、2人で一緒に調べものなどを行い、協力し合って解決していったようでした。その結果、メンティの成長もさることながら、メンターの成長にも大きな影響があった、ということです。今では、職場内でよいコンビとして活躍しているようです。

さらに、このときのメンティが、本年度は新入社員のメンターを務めているとのこと。よいメンターに出会うことで、自分自身が同じような関わりを持てるメンターへと成長していくという、非常によい事例であると思います。

2　制度と風土

制度設計

企業では、様々な制度が設けられていると思います。社員が、自社内で十分に能力を発揮し、会社の成長へと寄与してもらえるよう、環境を整えておくという考え方になるかと思います。

よく耳にするものとしては、いわゆる「産休・育休制度」ではないでしょうか。これについては、法律上定められている期間があり、それにプラスする形で会社ごとの制度になっているのではないでしょうか。

この制度とセットになっているものとして、短時間勤務制度なども多いと思います。近頃は、男性社員の育児休暇取得を推奨する企業も増えているようですね。そもそも育児休暇は、男性社員でも取得できるものですし、社員の申請を拒否することは法律違反となります。ですが、「取りにくい」ことが会社の課題でもあるでしょう。

そのほか、介護との両立を支援する制度もあります。介護休暇や介護休業というのも、法律で定められていますので、しっかりと制度設計をする必要があります。高齢化社会となり、介護をしながら働く人が増えている今、この制度は必須でしょう。

近頃は、「治療しながら働く」ということも多く言われています。傷病についても法律はありますが、働く社員自身が「治療しながらでも働いていたい。会社に居場所を持っていたい」と考える方が増えているのではないでしょうか。

また、定年後については、再雇用制度や定年延長などは一般的となってきました。さらに、障がい者雇用についても、法律上の雇用率が上がってくるなど、「多様な社員がおり、働き方も多様であるべき」ということが、少しずつ浸透してきているようです。

制度が取得しやすい環境かどうか

問題は、せっかく会社が用意した制度も、取得しやすい環境にあるかどうかということでしょう。「制度はあるけど風土がない」とよく言われます。女性社員の産休・育休取得まではともかく、男性が取得すると出世を諦めたと思われるなど、性差からくる風土というのは根強い気がします。介護休暇でも、「介護は女性がやること」というイメージが強く、自分自身の親であっても、男性社員が介護休暇を取得することは稀であると思います。

この風土を払拭するためにできることは何があるのでしょうか。

比較的、若手社員は、制度の取得に積極的な印象があります。制度を活用しようとする社員に対して、不利益な取扱いは法律違反となります。制度活用の社員を推奨していくために、できる取組みは何があるのか考えてみましょう。

要は、「制度を取得することは社員の当然の権利」であり、それが実現している職場こそが「働きやすい職場」であるという意識改革をどう推進していくのかということになるでしょう。

結果的に、社員が継続的に能力を発揮しやすい会社をつくっていくことができるのであれば、取り組む意味も意義も大きいものになるのではないでしょうか。そして、このことを会社のトップがしっかりと理解していくことが重要であると考えられます。

3 相談できる場を用意する

誰であれば相談しやすいと考えられるか

仕事上の悩みや続けていくことに対する迷いなどがあったとき、誰であれば相談できそうでしょうか。自分に置き換えて考えてみましょう。

仕事のやり方そのものや、ちょっとした躓き程度であれば、メンターやＯＪＴ担当者、そして部署の同僚や先輩に相談できそうですよね。

では、もう少し深い悩みなどは、どうでしょうか。同僚や先輩に相談できそうですか？　それとも、上司でしょうか。同僚や先輩であれば気軽に相談はできると思いますが、上司に相談するのは少しハードルが高いように思います。特に、「辞めようか悩んでいる」というときには、相談しにくいですよね。

会社で「面談」を実施している企業は多いと思うのですが、ほとんどが「人事面談」のような形で行われているのではないでしょうか。1年に1回、もしくは半年に1回など、自己の目標とそれに対する評価・査定のような意味合いを持っているようです。また、異動や転勤などの希望が伝えられるような面談の場もあるようです。

仕事上の悩みの中には様々なものがあります。第1章でお伝えしたような、「辞めたい」「辞めるしかない」といった状況からくる悩みも多いでしょう。そのとき、社内の面談でどこまで伝えられるか、言い出せるかということになります。

会社としては、できる限り辞めないでほしいと考えます。そうなると、つい辞めた場合のデメリットばかりを伝え、説得しがちではないでしょうか。そのような面談になることが想定できるのであれば、相談しやすい場とは言い難いかもしれません。面談と相談は違うものであると考えましょう。

キャリアコンサルティングを受けるということ

キャリアコンサルティングというのは、自分自身のキャリア形成や職業キャリア発達において相談・助言・支援を行うものです。キャリアコンサルティングを実施することで、仕事への意識や意欲を向上させ、自己理解・仕事理解を深め、目指すキャリアを明確にするといった成果が期待できます。

また、キャリアコンサルティングのプロセスとして、しっかりとお気持ちを受けとめ、傾聴していくというカウンセリングスキルを活用していきます。もちろん、キャリアコンサルタントは、国家資格者として守秘義務が課せられていますので、原則、相談内容が会社に伝わる心配はありません。

さらに、会社とは別の相談機関等を活用することで、会社側に偏らない、フラットな立場でお話を伺うことがでるということも、相談する社員にとってはメリットと言えるでしょう。

全社員に定期的に実施することができればベストであると思いますが、会社ごとの事情もあるでしょう。まずは専門の相談機関等にお問合せいただくなどして、社外での相談できる場をつくっていくということを考えてみてはいかがでしょうか。

現在、ハローワーク等の求人票では、「キャリアコンサルティング制度」という項目があり、「あり・なし」が記入されています。ここで、「あり」となっている会社であっても、実情は「人事面談」であることも多いようです。人事面談とキャリアコンサルティングの違いを認識し、適切な相談先を用意してもらえたらと思います。

ほかにもある相談できる場

悩みや迷いの根本がどこにあるのかということを自分自身で理解しておられるなら、それに合った相談機関を訪ねてみることがよいと思います。

病気や体調のことであれば医師や医療機関がよいでしょうし、家族の介護等であれば地域の福祉事務所や行政機関、また、仕事上の問題であれば労働問題に関する場など、相談に合った場を考えておきましょう。

会社としても、様々な相談に対する窓口を案内・紹介できるようにしておくと、社員は安心して働くことができるのではないでしょうか。

4　メンタルヘルス

会社側がすべきこと

今は、社員のメンタルヘルスについて、しっかりとしたサポートを会社は用意していますよね。ストレスチェックの実施や、その結果を踏まえての面談機会など、従業員人数にもよりますが、行っている会社が多いと思います。

また、医療機関や専門相談機関との連携により、メンタルヘルスのサポートを実施しているようです。所属や名前などを匿名として、電話で相談ができる機会などもあるようです。

社員の環境に応じて、積極的に利用していただきたいと思います。

このメンタルヘルスに関しては、ハラスメントや過重労働といったことをきっかけにして起きてくることが多いのではないかと思います。相談できる機会の創出は、非常に重要な会社側の責務でもあると思いますが、まずは、社内でハラスメントや過重労働がないようにしていくことが必要です。制度と風土でもお伝えしましたが、まずは会社の風土をつくっていくことは、とても大切な試みだと思います。

メンタルヘルスにおいても、相談機関や制度をつくった以上は、その機会をスムーズに躊躇なく得られるような環境として機能していくことが求められていると感じます。

自分ができるメンタルヘルス

会社側の意識や機会創出はもちろんですが、自分自身でもできることはあります。セルフケアという考え方も、しっかりと社員に伝えたいところです。特に、ストレスコントロールというところは、自分でできることもありますので、社員は意識して働くことが重要でしょう。

・身体的ストレス

体が疲れたら休む、睡眠時間をしっかりと確保する、また睡眠の質を高めるといった対策は、自分でもできることです。自分に合ったケアについて、考えておくべきでしょう。

・感情的ストレス

マイナスの感情に触れたとき、どうすればプラスに触れるのか、自分で知っておくことが大切です。必ずしも皆、同じストレス解消法が有効なわけではありません。

些細なことでも、放置すれば溜まってきます。「その日のストレスはその日のうちに」を合言葉として、自分の心が喜ぶ方法を知っておくといいでしょう。

・精神的ストレス

マイナスな感情ということだけでなく、自分に自信が持てなくなる、自己効力感が低下しているというような場合には、シンプルな心が喜ぶ方法ではアップできないこともあります。

自分自身の存在意義や価値、自信を持てるようなことなど、深く考える時間を持ってみましょう。キャリアコンサルティングを受けることも効果的だと思います。

会社側は、社員が気持ちよく働ける環境づくりについて考えていくべきではあります。ですが、セルフケア・セルフコントロールということは、社会人として行っていけることがベストであると思います。

5　社外研修機会

どんなメリットがありそうか

社員に向けて様々な研修機会を設けていると思います。スタートは新入社員研修でしょうか。その前に、内定者研修を実施している会社も多いと聞きます。そのほか、入社からの年次によって、知識やスキルを向上していくための研修を設けているでしょう。また、職務や立場に合わせて実施しているものもあると思います。

そういった研修を、外部で開催しているものに自社の社員を参加させてみると、どんなメリットがありそうでしょうか。

まず、今まで知らなかった他の業種について触れる大きな機会となります。例えば、同じ職種（営業や人事、経理など）であっても、業種が変わると考え方や仕事のプロセスに違いがあることもあります。また、同じ業種であっても、企業規模や地域によって違いがあることもわかるでしょう。

このように、外部で開催している研修というのは、集まる人たちが様々であり、そういった方々と接する機会というのは、非常に視野が広くなります。

年次や立場に合わせて多くの知識やスキルを学ぶ機会ではありますが、それ以上によい気づきや学びがもたらされると思います。さらに、研修中にディスカッションやワークなどの機会が多いプログラムですと、改めて自分自身のコミュニケーションスキルを見直す機会ともなるでしょう。

実際には、仕事を抜けることにもなり、社内のスケジュール調整等が大変になるというデメリットはあります。ですが、そのデメリットと差し引いても、よい時間になるのではないでしょうか。

違う環境で自身の課題に気づく

社外研修に参加することで、様々な方々と接することができます。それはすなわち、いろいろな自分に気づくチャンスでもあると言えます。人と比較することで改めて自分を知ることができますので、今まで知らなかった自分に出会えるかもしれません。

会社で同じ仕事に携わり、少しずつ成長はしていたとしても、あくまでも「同じ会社の中」でのことです。別の業種、別の企業、別の職種の方とお会いすることで、知らなかった仕事の進め方、考え方、プロセスを知ることもできます。それは、自分の課題に気がつくことでもあるでしょう。もちろん、会社の課題に気づくこともあります。これについては、送り出す会社側としては少し怖い気持ちもあるでしょう。「あっちの会社のほうがいいな…」という気持ちになられては困るからです。ですが、そこで感じた「会社の課題感」をどう自社に持ち帰って解決していくのかということも、その社員の成長につながりますし、会社の成長にもつながっていくでしょう。

社内で用意されていた今までの研修以外であっても、積極的に社員が学ぶ機会を推奨してほしいと思います。社員が自ら学ぶこと、チャレンジしようとする意識を応援できる会社でいることが大切ではないかと思います。

6　入職前にできること

ミスマッチはなぜ起きる？

「3年以内離職率3割」と言われて、もう20年くらい経つでしょうか。この間、大学生のみならず、中高生にまで「キャリア教育」というものを実施するようになりました。それでも、この「3年3

割」という数字はさほど変わることなく、毎年、一定程度の若手社員は離職しているということになります。

この離職率を減らすために、まずは入職前からできることがないか考えていくことも大切ではないでしょうか。

離職者の「辞めたい理由」について、第1章でも触れてきました。あの辞めたい理由に関わる状況に置かれたらこの学生は辞めるのだろうか、ということを見ていくしかないとも言えます。

私自身は、学生対応をしており、卒業生のその後の状況を知る立場にいます。実は、私が勤めている学校では、非常に離職者が少ないという結果が出ています。理由としては、どれだけ納得感のある会社に行けるかということをとても重視しているからです。

何をもって納得感なのか、1人ひとり判断基準は違うと思います。それでも、学生の判断基準を丁寧に具体的に知ろうとする、こちらの意識が数字になっているのではないかと感じています。

実際には、仕事を安易に考えていたり、内定獲得をゴールにしていたりなどの「自分の将来を自分で納得いくまで考えてみる」という機会が圧倒的に少ないせいだと感じています。それに対して、採用する会社としては、何ができるのでしょうか。

インターンシップ

インターンシップ（就業体験）の是非については、いろいろと言われているようです。1day

ります。

と呼ばれているものから、１か月～数か月に渡るものまであり、メリットもあればデメリットもあります。

私自身としては、インターンシップに参加するということについて、メリットを大切に考えています。もちろん、大学の状況や学生の事情、都合に合わせて期間を選択することは必要でしょう。

効果がないと言われている１ｄａｙですが、「単なる企業説明会じゃないか。就業体験ではないだろう」という意見が大半なのだと思います。ですが、数時間とはいえ、企業の説明や業界についての話が聞ける機会というのは、自己理解や仕事理解が深まるきっかけづくりにもなり得るわけです。このインターンシップに参加する学生に対し、「自社の説明ができてよかった」だけで終わらせないように考えてほしいものです。

長期間に渡るインターンシップに関しては、会社がどこまで手間と人を割けるのかということになります。実際に社内の従業員と触れ合う機会や、仕事について知ってもらう、大変さも含めて理解を深めてもらう機会として活用できればと思います。

実際には、インターンシップであっても、学生は自分自身を「好印象」として残したいと考えており、素の姿というのは見えにくいものです。ミスマッチをどこまで減らせるかという意味では１００％とは言えません。

会社側から学生を「選抜」の目で見ようとする場なのではなく、参加する学生たちがいかに自己理解と仕事理解を深める場として機能させるのか、自分自身の将来の姿をイメージできるような場にできるのかということが重要です。

インターンシップ＝ミスマッチ削減とはいかないかも知れませんが、会社の中で、活躍している人材、続かなかったケースなどを分析した上で、正直に応募者に伝えることができれば、入職後に「思っていたことと違う」と感じる学生は減るのではないでしょうか。

内定者研修

内定を獲得した学生を対象として、研修や懇親会などを開催している会社も多いと聞きます。会社によっては、宿泊を伴う研修も用意しているようです。

この内定者研修については、目的は２つあると考えられます。

入社予定の学生について、自社理解や仕事理解を含め、一定のレベルにしておくこと。また、内定者間の関係づくりということ。この２つが多いのではないでしょうか。

内定者研修の有無については様々な考え方があると思いますし、学生としては、学生最後のひと時を十分に楽しみたいという思いもあるでしょう。

内定者研修から教育を実施している会社もあると聞いています。入社前に大切な試みであることも理解できますが、「学生」という立場であること、その「学生」としての優先度の高い活動もあることなどを考えた上で取組み策を講じてもらえたらと思います。

実施するのであれば、内定者研修の目的をしっかりと定め、それを参加学生と共有し、成果を見える化しておくことが大切です。そして、入職してからの状況もきちんとフォローし、成長の状態を把握しておくことで、内定者研修のＰＤＣＡサイクルを回していくことができるでしょう。

オンラインでどこまでわかり合えるのだろう？

現在はコロナ禍の中にあり、採用活動そのものもオンライン化されている会社が多いと思います。双方の感想として、「やはり1度は会っておきたい」という意見も多く聞かれます。採用活動だけでなく、入社前の研修やインターンシップに関しても、オンラインでどこまでお互いが理解し合えるのだろうかという不安も多いのではないでしょうか。

実際に、画面越しだと理解し合えないと決めつけてしまうことは危険だと思います。とはいえ、会ったときの空気感や印象という「曖昧」なことに左右されることも間違いありません。

「どうせ理解し合えない」や、「やる意味って何だろう」などの気持ちで臨むのではなく、「どうしたらお互いに理解し合えるか。理解し合いたい」ということをしっかりと共有しておきましょう。

7　採用担当者研修

採用担当者は応募者にとって「会社の代表」？

就職活動に励んでいる学生の話を聞いていると、「あの会社の担当者はいい人だったから応募する」というような声をよく耳にします。採用担当者の方と一緒に仕事をするわけではないにしても、大きなポイントとなっているようです。逆に、「あの担当者は、ずっとタメ口だったし、自分を知ろうとしてくるというより、自分の話ばかりしてきたから、感じが悪いと思った」という意見も聞きます。

学生にとって、説明会や会社訪問・見学で会う採用担当者の方を「会社の代表」だと感じてしまいがちであるということではないでしょうか。

近頃では、「リクルーター」という名称で、採用担当者ではない若手社員を活用する会社も多くなっているようです。学生と非常に近い目線でラフに話ができるということで、よい成果を上げている会社も多いのではないでしょうか。

どんなやり方、どんな人選がいいかは、会社の特徴にもよりますし、結局のところ、人と人との関係性ですから、相性もあるでしょう。それでも、採用担当者というのは、応募者が会社に対して持つ印象の中で、大きな割合を占めることもあるようです。

私自身、様々な会社の採用担当者の方とお会いする中で感じていることとしては、せめて訪問した大学のOB・OGに関する情報くらいは持ってきてほしいということでしょうか。

入職後、卒業生がどのように過ごしているのか。活躍できているのか、知りたいと考える大学側は多いと思います。また、その情報をもとに、学生を推薦することも可能になります。退職している卒業生がいたとしても、正直にお話いただけたほうが好印象ですね。

面接NG質問、知っていますか？

応募者との面接試験の中で、「聞いてはいけない」とされる質問があることをご存じでしょうか。採用試験での面接というのは、応募者本人を知るために実施するものです。ですが、面接担当者の興味や関心から来ているのではないかと推測されるような質問や、人物を知るに当たって不必要であると考えられる質問というのは禁止されています。

一時期、「圧迫面接」という言葉も流行りましたが、今はそういったパワハラに値するような面接や、セクハラまがいの面接試験というのは、応募者は警戒しています。

面接でのNG質問については、会社として意図があって聞いている場合もあると思います。ですが、その意図が学生に通じていなければ、「不快であった」という印象が残るケースもあります。まずは、厚生労働省のホームページ等に掲載されている、面接での禁止質問について確認をしておくことをおすすめします。

会社の業務によっては、聞いておきたいものもあるかもしれません。その場合、しっかりとした根拠と意図を伝えた上で質問するようにしましょう。

逆に、よい質問とは何でしょうか。応募者のよさを理解しようと考えているのであれば、そのよさを引き出せるような質問をしてもらいたいと思います。よい答えはよい質問からです。

「質問力」という言葉もあります。決められた質問項目だけを列挙し、画一的な面接試験にならないよう、質問者が応募者に興味を持ち、知りたいと思うことが大切なのではないでしょうか。

評価基準の統一と見解

応募者を筆記試験や面接試験で見ていくわけですが、会社としての基準について、できるだけ統一すべきだと考えます。

1人の担当者が全員を面接するわけではなく、一次面接、二次面接…と進むにつれ、担当者が変わることはよくあることです。人事担当者と技術者面談では、見ているものが違うことはわかります。ですが、人物像を確認する上で、基準は統一したほうがよいでしょう。

第5章では、人間関係における自身の価値観が判断基準として用いられていることをお伝えしました。面接試験でも、同じようなことは起きてくると考えられます。人が人を見る上で、どうしても個人の受取り方というものが評価を左右することがあるのは仕方がないかもしれません。ですが、極力、そういった個人的な評価にならないように、どういった工夫ができそうか、考えていくことが大切ではないでしょうか。

8 人事教育・人材開発担当者研修

会社視点で考えていくべきこと

会社内で実施している社員への教育・研修の機会というものは、会社側から社員を見て実施しています。身につけておくべき知識や技能、年次ごとに知っておくべきことや周知すべき制度など、会社視点で考えられていることだと思います。

まずは、会社が成長するための戦略として、社員の成長が欠かせないということを考えておられるでしょう。そのために、各部署や役割において必要なことを必要なタイミングで実施されていますよね。新入社員研修、２年目研修、３年目研修、リーダー研修、管理職研修など、会社にも社員にも適切なタイミングを計っておられると思います。

また、全社的に実施されるものだけでなく、部署内やチーム内において、コンパクトなセミナー形式で学ぶ場などを用意している会社も多いようです。

教育や人材開発といった面だけでなく、新しい制度を導入する、新しいシステムを導入するなど、その都度、対象者に対する説明機会として実施することもあるのではないでしょうか。

どちらにしても、会社が社員に対して成長や変化に対応すべく行われています。ですが、自社の社員のために考えてはいるものの、どうしても視点が内側になりやすく、今までと同じような教育方法、研修内容につい偏りがちだと思います。

以前、「人事教育担当者を対象としたセミナー」に参加したことがあります。様々な企業の担当者が80名ほど参加されており、講義というよりもグループディスカッションを活用したセミナーでした。自社の教育で苦労している点、工夫している点、成果などを紹介し合うのですが、様々な業種、企業の方が参加しておられますので、大変、勉強になりました。

また、グループディスカッションがワールドカフェ方式で進んでいましたので、20分ごとに別の方々とお話する機会が得られ、参加者全員と意見交換ができたような充実感がありました。
自社内のことだけを考えているのではなく、他社がどのような視点で教育をされているかを知る機会というのは貴重なものだと考えられます。

社員目線で考えてみたことはあるのだろうか

では、教育の機会を得ている社員は、どう考えているのでしょうか。年次や役割に合わせて研修に参加していくこと、さらに技術を向上させるために参加していくこと、どちらも重要なこととして理解していると思います。ですが、社員自ら、学んでみたいことを依頼する機会はありますか？自社の教育機会を物足りないと感じている社員はいませんか？

現場で本当に必要とされていることは何か、現場が何を求めているのか、そういったことをヒアリングする機会を持ち、「社員のためになる教育・研修とは何か」ということを、常に新しいものを取り入れながら企画していくことは重要だと思います。

教育支援制度のようなものを用い、社員が自ら学ぶ機会を得た場合、かかった費用を援助するという会社も多いようです。また、通信教育に関する情報を提供している会社もあります。資格取得に関しては、手当の支給や報奨金なども聞きます。

何を学ぶか、どんな支援策が社員にとって役に立つのか、社員視点に立って考えてみることは大切なことだと思います。

今までやったことのない何か

会社というのは、今までやったことのない何かをするのは、とても難しいものであると感じています。どうしても、昨年度や前年度ということにとらわれやすく、前例があるかないかで判断してしまいがちです。

リーダーシップ論でもお伝えしましたが、時代によって変化するものは多くあります。今の世の中はどうなっているのか、何を教育していくことがベストなのかということを時代に合わせて考えていくことが大切でしょう。

そして、いかに今いる社員を大切にしていくか、気持ちよく働ける場として組織を機能させていくのかということを考えていくわけですから、今までと同じでいいとは限りません。

社内教育でできることもありますが、個人個人に対応していくものや、社外機関を活用していくものなどいろいろなものがあります。

視野を広く持ち、今までの枠組みを外していくことが、会社が成長していく上で大切な意識になることでしょう。

特に、現在は、「多様性の時代」と言われています。テレワークの導入についても、実施状況には企業ごとに大きな差があるようです。サテライトオフィスという考え方もあります。近頃では、ワ―ケーションという言葉も出てきました。時代に合わせるということも必要ですが、まずは、自社の社員の実情に合わせる柔軟性が求められているように感じています。

社内でできる取組みのおすすめ

◆セルフ・キャリアドック制度の導入

「セルフ・キャリアドック」とは、企業がその人材育成ビジョン・方針に基づき、キャリアコンサルティング面談と多様なキャリア研修などを組み合わせて、体系的・定期的に従業員の支援を実施し、従業員の主体的なキャリア形成を促進・支援する総合的な取組み、また、そのための企業内の「仕組み」のことをいいます（厚生労働省ホームページより引用）。

私自身も、このセルフ・キャリアドックを導入された企業様へ、キャリアコンサルティングを行ったことがあります。従業員が仕事に意欲を持てるよう関わらせていただきました。

社員1人ひとりの事情や都合、考えや気持ちに対し、個別に関わることができますので、ぜひ、活用していただきたいと感じますし、人材育成や生産性向上につながるのではないでしょうか。

◆メンタルヘルス・マネジメント検定の資格取得

この資格は、セルフケアコースが一般社員向け、ラインケアコースが管理職向け、マスターコースが人事労務管理・経営者向けと分かれています（級が上がるイメージです）。

この資格に向けた学習を行うことで、ストレスケアに対し自分では何ができるのか、部下を持つ立場として何ができるのか、会社として社員のために何をしておくべきなのかといった基本的なことを知ることが可能です。社員に向けて、メンタルヘルスに関して準備しておくことが明確になりますし、セルフケアについては、社員教育としての意味合いも大きいものだと思います。

第7章　企業事例

1　内定者～新入社員研修

大手サービス業

◆社内教育の時期

・内々定後
・新入社員1年目

◆目的

・同期感の醸成
・会社の一員としてのスタートダッシュ
・折れない社会人に育てる

◆内容

①　内定時期
・個人ワークで課題を会社に提出。
・2か月に1回、1日の集合研修。
・課題例：「会社を知ろう！」→自社の様々な情報や競合情報を調べて報告、など。

②　新入社員

○入社後1か月半~2か月、人事部所属として集合研修
・事業責任者のレクチャー
・直接カスタマーに触れる現場研修
・外部講師によるマナー、仕事の基本講座
○外部プロによるキャリア面談
○初配属時には人事部長が1名ずつ面談し、配属の考え方や研修フィードバックを行う。
○配属半年後の1泊2日フォロー研修
・半年間の仕事の棚卸
・コミュニケーション構築のためのゲームセッション
・アセスメントツールを使っての自己・他己分析
（事前に新入社員の現状をキャッチアップした上で研修メニューを外部講師と構築）。

◆成果

早くから同期感の醸成を行うことによって、相談できる仲間と一緒に何かを続けたいという気持ちが組織への最初のエンゲージメントになっている。

現在、入社3年以内の離職は平均13％。採用人数が少なく10名~15名なので1名離職するかどうか。

初配属時に不本意であっても、面談で適性や「自分が知らない自分」をフィードバックされて入るので、納得感と前向きさによって、「仕事が不本意」という退職理由は一切見られなくなった。

メンタルが落ち込む時期にフォロー研修を入れることによって、どんなことに落ち込んでいるのかが見える上に、もともと醸成している同期との関係性の中で自浄作用が働く機会になっている。

◆担当者のコメント

「少ない採用者にこんなに手間をかけているのですか！」と驚かれることが多々あります。少ないからこそ、根っこがきちんと張るまでは過保護にならないレベルでの周囲の観察と関わりの「量」が必要だと考えています。

今後の課題としては、同期としての団結が強くなる分、中途採用者が馴染みにくいと感じることもあり、「新しいことを受け入れていく柔軟性」をどのように育てていくか、考え中です。

●講評：個々の「思い」にも丁寧に関わる姿勢

内定から入社しばらくまで、学生から社会人になる非常に大きな転機であることを、担当者がしっかりと理解しているからこそ、丁寧な関りができるのだというよい事例だと感じます。

新卒学生が入社後に感じる「リアリティショック」というものがあります。いわゆる、「こんなはずじゃなかった」という感覚でしょうか。学生が想像する「社会人」と、本当の「社会人」には大きな乖離があり、それを感じたときに心が折れてしまう社員もいるようです。

「3年以内離職3割」と言われていますが、実質、1年以内の離職が割合として一番高いと言われています。自分自身が、入社した会社で「仕事がやれている」と感じられるまで、個々に関わっていくことが大切なのでしょう。

2　新入社員フォローアップ研修

外部講師による定着支援セミナーに参加

◆セミナー参加の時期

・入社１～２年目の社員

◆セミナー形態

・外部講師によるセミナー（参加者12名程度）

・同一企業の社員は、１～２名に制限

・様々な業種、職種の社員を受入れ

◆内容

・入社から今までの仕事について細かく棚卸をする。

・できるようになったことと、まだうまくできないことを参加者同士でディスカッション。

・できる、できない、やりたい、やりたくないの４象限で今の自分を整理する。

・会社から求められていることを考える（社会人基礎力などを用いる）。

・できるようになりたいことすべきことを考える。

・今後の目標とそのためにできることを考える。

◆成果

○受講者のアンケートより

・できるようになったことが具体的にわかり、今までの自分に自信が持てた。

・他の会社の人と話すことで、自分の仕事と取引先の関係がリアルにわかった。

・社内の会議室ではないところで受けたので、緊張感もあり、前向きに受講できた。

○参加企業担当者からいただいたコメント

・指示を守ること以外に自分がすべきことを考えられるようになってきた。

・仕事に意欲的になったようだ。

・自分から意見を言うようになってきている。

◆担当講師からのコメント

参加者のアンケートによると、他社の方との関わりが非常に大きな意味を持つと感じる。就職活動時に、いろいろな業種・職種があることはわかっていたが、実際に他の人と話すことで、世の中には本当にいろいろな仕事があること、自信が持てずにいるのは自分だけではないと安心できたことなどが意見としてあった。

自己分析や自己理解というのは、就職活動のときだけでなく、働き始めてからも重要であることを実感した。できることは、なぜできるようになったのか、できないことは、なぜできるようにならないのか、細かく丁寧に深堀する機会を持つことが大切である。小さなステップでも上がれていることを感じられるし、ステップが小さければ、つまずいたときのフォローがたやすいのではないかと感じた。

●講評：社外研修のメリット

社外研修に参加することのメリットというのは、他社の方と話す機会が得られるということではないでしょうか。もちろん、個人的な友人とは話す機会があり、仕事の愚痴などをお互いに言うことはあると思います。ですが、仕事上で何ができるようになったか、課題は何だろうなど、じっくりと振り返ることはなかなかしないと思います。

また、研修講師というのは、様々な企業での対応経験があり、研修プログラムの中にはケースワークを実施することもできます。企業内の人事教育担当者の視野が狭いわけではないにしても、複数企業についての好事例・課題点の双方に触れる機会がある講師のワークで、大きな気づきが得られるのではないでしょうか。

3　キャリアコンサルティングの実施（セルフ・キャリアドッグ活用事例）

外部キャリアコンサルタントとの面談機会

◆面談時期

・入社1～2年目
・3か月ごとに合計3回
・最終面談日から1年後に再面談

◆内容

・面談時間は1時間
・入社してからの仕事内容についてヒアリング
・現在の自分について、どう考えているのか、何を感じているのかを丁寧に傾聴する
・面談時に共有した課題について、3か月後の面談時までに何をするか一緒に決める
・上記内容を3回実施
・1年後は、この1年について、自身が成長できたことなどを丁寧に傾聴する
・また、自分で感じている課題について話していただき、一緒に手立てを考える
・自分で短期中期の目標を立てながら働けるよう、面談をしていく

◆面談を受けた社員の感想

・中途採用で入社したが、それまでの仕事と今の仕事で自分の価値観が満たされることを自分から選んでいたことがわかり、なぜか安心して涙がでました。
・他の人と比べて仕事覚えが悪いと思っていましたが、できるようになっていることもあるとわかり、ほっとしました。

・3か月ごとにお会いすることで、できるようになったことを報告したくて頑張りました。

◆会社側の担当者からの意見

・面談後は意欲的に行動するようになった。
・難しいと思っていた資格に合格した。やる気が上がったようだった。
・出産前に辞める予定であったが、自分から産休・育休制度の活用について希望を出してくれた。今は育休中だが、復帰したいと言ってくれている。
・新店舗を出店することが決まり、自分からそちらへの異動を願い出てくれた。積極的になったように感じる。

●講評：キャリアコンサルティングのメリット

第6章の3でもお伝えしたように、外部の人に相談ができる場というのは効果的だと考えられます。私自身が面談を担当しているのですが、事前に「辞められてしまうと困るので、そういう話が出たらすぐに報告してください」と言われたことがあります。

担当者の方には、守秘義務があるのでお話できないことと、社員がイキイキと働けるようなサポートをすることが目的ですということをお伝えし、ご納得いただきました。

実際には、「辞めるつもりです」とおっしゃった社員の方もいらっしゃいます。それでも、事情を丁寧に聴き、どうしたらいいのか一緒に考えたことで、「辞めずに済むのかもしれない」と気持ちの変化があり、今もしっかりとお仕事をされています。

社内の方が担当されると、査定や評価に響くような不安感を持つ方や、本音は話せないからとおっしゃることが多いように感じています。

個人的には、新入社員のフォローアップ研修の後、個別面談の場を設けられると効果的ではないかと考えております。

4　定着にかかわる課題解決に向けての取組み（「働き方改革支援ツール」を活用）

筒井工業株式会社（愛知県　製造業）

◆取組みのきっかけ

人材の定着が重要課題となっていた折に、「若者職場定着サポーター養成支援講座」に参加し、トップが変わる必要があることを理解したこと。

◆取組内容

行政の「若者職場定着支援事業」を活用。

・働き方改革アドバイザーの派遣を要請し、アドバイザーからのアドバイスを受ける。

・若者に寄り添うための具体的な手法を教えてもらい、また独自の工夫も行った。

・社長としての立場、立ち位置の改善。

①　社内研修

・上司、先輩が若者の成長をサポートできるよう、コーチングを学ぶ。

②　個人日報制度と成長の見える化（新人育成）

・新人は上司に日報を提出する。技術的なことだけでなく、疑問や不安も日報に記入し、上司は必ずコメントをする。

・月初の目標設定と月末の目標達成度の確認を上司と一緒に実施。達成度評価では、スキルマップを用いて習熟度の見える化を行う。自分のできることが目に見えて増えていくのがわかるので、やる気につながる。

③　メンター制度導入

・若者のメンタル面もサポートすることを意識。

・所属とは異なるラインの年の近い先輩との組合せ。

・全社員へメンター制度への協力を要請（実施への理解、時間の確保）。

・メンターになる若手社員に協力を要請し、かつメリットを提示（楽しい取組み、自分の成長、残業低減・有給取得につながる、経営課題への参画）。

④　権限移譲

・社内プロジェクトのリーダーに若手を抜擢し、チーム編成や運営を任せる。

・挑戦する風土を育む。「やってみたい」を尊重し、失敗してもナイストライ！

・失敗から何を学べた？　というアプローチをする。

◆成果・効果

・生産性は2割アップ。
・時間外労働は3割ダウン。
・離職率の改善（新卒3年以内離職率が67％→15％に改善）。

◆社長からのコメント

3年前、「若者職場定着サポーター養成支援講座」を聴講して思ったのは、「こんなに手間のかかることを中小企業がやれるものか！　だいたい社員に寄り添うなんてことをしたら、社員が甘えてしまうじゃないか！　自分たちはそんなに大切にしてもらった覚えはないし、そんなことでは国力が低下してしまうじゃないか！」と思っていました。心の奥底でそう思っている経営者は、多いのではないでしょうか？

しかし、当時、私が経営課題に据えていたのは、「若手の定着」と「将来の差別化」でした。実際のところ、人材の定着と教育には非常に多くの手間と根気とお金が必要になりますが、これを10年頑張ったら競合他社と人材力で圧倒的な差別化を図れるのではないかと思い至りました。そこでようやく覚悟が決まったのを覚えています。

働き方改革アドバイザーから、「アドバイスを真摯に実行しようとする経営者は本当に少ない」と聞きました。

また、働き方改革シンポジウムで、ある聴講者から「経営トップから、働き方改革の勉強なんて無駄だと言われているので、きょうは会社を休んで勉強に来ました」と聞かされました。これが実情だと思います。

しかしながら、そんな状況だからこそ、これをやり切ることができれば、容易に追いつかれない強力な差別化を図ることができ、さらに定着の改善だけではなく、社員が自主性を持って仕事に邁進するエンゲージメントやエンパワーメントの世界を社内に構築することができることを体験しました。

私は、今、経営者としてとても幸せな日々を送っています。

●講評：行政の支援ツールを活用することで、「何から手をつけるか」がわかる

働き方改革を実行していく中で、非常に大きな意味を持つ企業の事例であると感じます。制度や風土と一口に言ってはみても、結局のところ、「トップが自社をどう変えていきたいのか」ということに尽きるのではないでしょうか。

「覚悟を決める」とあります。この覚悟が社員の心に浸透していくことで、社内が一丸になれたのではないでしょうか。

※こちらの事例は、愛知県での働き改革支援ツール、制度を活用したものです。
※愛知県労働局労働福祉課「あいち働き方改革トリセツ vol. Ⅱ」引用

5　新入社員定着に向けての取組み（「人財育成の専門部署」設立）

ＩＴ企業（神奈川県）

◆人財育成の専門部署「マングロー部」設立

２０１８年、マングロー部［Man：人＋Grow：育つ／成長する］設立（今年で３年目）。

このユニークな部署名は、人(Man)が育つ(Grow)という語呂合わせです。

マングロー部は、技術者向けの「社内研修」や「社内勉強会」、若手や初心者向けの「プログラミング研修」を行い、社員の成長をサポートします。将来にわたり会社の中心を担う、「次期リーダーの育成」を目的としております。

◆活動内容

①　入社前研修（文系学生のＩＴエンジニアとしての育成・サポート）

○時期

・入社前（内定後の９月頃から入社前の３月まで）

○目的

・プログラミングするためのアルゴリズムの組立ができるようになる。

・新入社員研修が開始する前に、理工系学生（プログラミング経験者）との技術力ギャップを減らす。

【図表9　「マングロー部」のロゴ】

MAN GROW
Department

○内容

・月1度の集合型によるプログラミング学習

・週1回の目標設定と進捗確認

○成果

・入社後のITエンジニア技術研修に対する取組み姿勢（自主性・積極性）の向上

・入社前の時期でのコミュニケーションによる相乗効果

・会社の雰囲気を知る／入社前の学生の様子を知る／ITエンジニアとしての基礎の醸成

② 新入社員研修

○時期

・新入社員1年目（4月から翌年3月まで）

○目的

・1人ひとりが技術スキルやビジネススキルを習得する

○内容

・外部講師によるビジネスマナー研修

・ケーススタディ研修

・会社理解研修（部門紹介、会社案内、電話応対）
・技術研修（基礎、仕事体験）
・企画力開発研修
・個人目標設定（翌年3月の時点でなりたい自分像）
○成果
・個人に焦点を当てることにより、新入社員1人ひとりの技術力・人間性を正確に見極めることができた。
・入社2年目以降となる開発部門配属時後につまづきがちな「上下間コミュニケーション」（報告・連絡・相談の行動・タイミング・質）の向上に新入社員研修時から焦点を当てることで、新入社員本人へのフィードバックを重視した。
・結果、新入社員研修中に行動変容に繋がる（目に見えて成長）社員が散見される状況となった。

③　新入社員フォロー面談

○時期
・新入社員1年目の7月から翌年6月まで
○目的
・部門配属後のフォローアップ（個人目標、報連相の定着化支援）
・早期問題発見と解決（環境変化、人間関係、配属適正）

○内容
・四半期ごとに１～２回、１人１時間程度で個別面談を実施
○成果
・新人が配属後に直面する悩みを「見える化」
・新人と開発部門間の気持ちの「すれ違い」解消

◆担当者のコメント

私が新入社員に携わって３年目となり、人財育成をしていく上で「相手視点」と「ターニングポイントをつくる関わり」の回数と選択肢をどれだけ持っているかが重要だと感じています。どれだけよいことを伝え続けていても、それが相手に伝わらなければ人の行動変容には繋がりません。

新入社員研修・育成を通してわかったことは、人それぞれ違いがあり、その人特有の課題について、どんな問題があり、改善することでどんなメリットがあるのかを様々な角度からアプローチすることが大事だということです。

もし、その人に合った条件やタイミングでアプローチができれば、行動変容に繋がり、最終的にはその人にとっての「キャリアアップ」につながっていくと考えています。

また、人と人がかかわる回数が増えることで「繋がり」も深くなり、辞めない社員を育てられるのではないでしょうか。

●講評：個々の社員に合わせることの重要性

取り組んでおられる内容としては一般的なものです。内定から新入社員の時期、そしてフォローということで、珍しいものではありません。ですが、この企業の素晴らしいところは、「専門部署」として設立されたことではないでしょうか。このことから、「会社の覚悟」が感じられますし、入社した社員にとっても、それだけ自分たちが大切にされていることが実感できるように感じます。

そして、研修の内容そのものよりも、それを個々に対してどのように関わっていくのかということが重要なことととして取り組まれていると感じられます。

6　3年目研修

ＩＴ企業（東京都）

◆社内教育の時期

・入社3年目の冬

◆目的

・意欲向上

・今後のキャリア形成

◆内容

「成果を上げるビジネスパーソン研究」を実施し、今後のキャリアを形成していく。

社内外問わず、社員自身の身近で「働く意味をしっかり自分で見出し、他人から言われるのではなく、自分でテーマを探して主体的に行動して成果を上げているビジネスパーソンへのインタビュー」を行い、そのインタビュー内容から気づいたことや学びについて発表する。

○インタビュー質問

①　社会人としてやりがいにしていることは何ですか？

②　仕事のやりがいをどんなところに感じでいますか？

③　仕事上で辛いことがあったときどのようなことを考え、行動をとり乗り越えていますか？

④　あなた自身の成果を上げるコツを教えてください。

⑤　３年目の私に成果を上げるためのアドバイスをお願いします。

◆成果（研修を受けた本人からのメッセージ）

これからの自分を考えるきっかけとなり、どうあるべきか、どう働いていくのかを深く考えさせられました。また、このインタビューをさせてもらいたいと自分が思った人に対して、「目指す社会人としての姿」を見ていたのではないかということにも気がつきました。

自分自身の仕事とは、全く違う仕事をしている方にインタビューをしましたが、仕事が違っても物事に向き合うことの本質は同じであると知り、驚くとともに、とても大切なことであるとも感じました。

●講評：ロールモデル探しにつながる機会となる研修

一般的には、講師が座学で講義をする、そして、参加者でワークを実施するという流れが、社員教育では多いのかと思います。ですが、この研修では、まずインタビューするというところから、それを発表するというところまで、課題に取り組む、いわゆる宿題が用意されています。この活動を通して、講義を聞く以上の効果が社員にはあったと思います。非常によい研修と感じました。

そして、自身のロールモデルづくりにも多いに役立つと感じます。

課題としては、他者の発表を聞いた感想がなく、さらに別の視点に気づいているのかどうか曖昧であるということでしょう。

できることからやってみよう

様々な取組み事例をご紹介しました。

新入社員研修など、今までも、またどこででも実施しているであろうことも含まれています。ですが、自社と何が違うのだろうということを考えるきっかけになったのではないかと思います。

前例に則った対応や、利益を上げるための技術を教えるといった考えだけでは、社員が育たない可能性があります。

また、ＡＩやＲＰＡなど、コンピュータやロボットに取って代わられるかもしれないという不安もある時代です。せめて、そこで働く人に対しては、ＡＩで対応するのではなく、人の心を救い上げるかかわりをしてもらえたらと思います。

あとがき

執筆を開始するタイミングというのは、新型コロナウイルスの影響から少しずつ日常が戻ってきていた6月の中旬でした。緊急事態宣言を受け、テレワーク推奨、時間差出勤など、働く方々に大きな変化があった後でした。

残念ながら、宣言解除とともに、テレワークも時間差出勤も解除された企業が多かったように思います。

企業が順調に発展成長をしていくために、そこで働く人たちをどれだけ大切にできるのかという視点で書かせていただいております。

また、私自身がキャリアコンサルタントとして個人に向き合うことが多いこともあり、まずは企業利益、組織利益よりも、相談者の利益を第一義として書いております。

組織によっては、本書のとおりに実施することは難しいと感じられることも多いかと思います。ですが、これから先、労働力人口が減っていく中で、「今いる人を大切にする」意識こそが、新しい人を惹きつけ、成果を生み出す人財へと成長していけるのではないかと思います。

ＳＤＧｓといった、これからの企業が何を大切に進んでいくべきかなど、大きな指針も出ております。

企業努力というものは、結局は中で働く1人ひとりの努力が積み重なって発揮されるものです。ぜひ、社員1人ひとりを大切にすることを忘れずにいてもらえたらと思います。

執筆に当たり、様々なキャリアコンサルタント仲間より、貴重なご意見をいただくことができました。また、事例を提供してくださった若手社員の方や、企業の方とのつながりも、非常にありがたいご縁でした。

ご縁を広げていくこととそのご縁を深めていくことこそが、キャリアコンサルタントに大切な力であると実感することのできた執筆活動でした。いただいたご縁の方々すべてに、この場をお借りして、感謝申し上げます。

ありがとうございました。

福浦　操

〈参考資料〉

・脳科学辞典　DOI：10.14931/bsd.7930　原稿受付日：２０１０年12月10日　原稿完成日：２０１９年９月26日　担当編集委員：渡辺 雅彦
・「人を突き動かす４つの衝動」ハーバード・ビジネススクール　ポール・R・ローレンス　N・ノーリア
・「キャリアコンサルティング　理論と実際　第５版」木村周　著、一般社団法人雇用問題研究会
・「キャリアコンサルタントその理論と実務　第３版」社団法人日本産業カウンセラー協会
・「産業カウンセラー養成講座テキスト　第５版」社団法人日本産業カウンセラー協会
・「キャリア心理学ライフデザイン・ワークブック」杉山崇・馬場洋介・原恵子・松本祥太郎著、ナカニシヤ出版
・「あいち働き方改革トリセツ vol. Ⅱ」愛知県労働局労働福祉課
・「東海ライフキャリア　セミナーテキスト」藤田廣志著

著者略歴

福浦　操（ふくうら　みさお）

1967年、千葉県生まれ。産業カウンセラー。

2009年から職業訓練校にて求職者のキャリア支援にかかわる。同時に、求職者・大学生への就職支援、働く人への定着支援・キャリアコンサルティングを実施する傍ら、キャリアコンサルタント資格取得を目指す人への実技指導を行う。

「働くことで得られる心の満足」を大切にし、学生の就職支援でも伝えている。

大学生の「3年以内離職率3割」の壁を打破することを目標とし、現在、働く短期大学校では、就職活動にかかわった学生の「3年以内離職率1割台」を維持している。

資格：産業カウンセラー、国家資格キャリアコンサルタント、キャリアコンサルティング技能士2級、メンタルヘルス・マネジメントⅡ種、大学キャリア・アドバイザー。


辞めない社員をつくる！　教え育む定着支援

2020年10月2日 発行

著　者　福浦　操　© Misao Fukuura
発行人　森　忠順
発行所　株式会社 セルバ出版
〒113-0034
東京都文京区湯島1丁目12番6号 高関ビル5B
☎ 03（5812）1178　FAX 03（5812）1188
http://www.seluba.co.jp/
発　売　株式会社 三省堂書店／創英社
〒101-0051
東京都千代田区神田神保町1丁目1番地
☎ 03（3291）2295　FAX 03（3292）7687

印刷・製本　モリモト印刷株式会社

Printed in JAPAN
ISBN978-4-86367-613-8

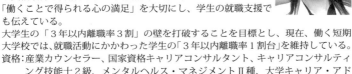